THE LOKAL

현지인

# THE LOKAL

환상적인 도시 싱가포르,
사랑할 수도 미워할 수도 없는 이곳에서의 하루하루 일상 이야기

# 현지인

이혜진 지음

바른북스

~~~~~~~~~~~

2019년 7월

나는 정말로 펜을 들기로 했다.

이번 여름 여행에서 나의 목표는 펜을 드는 것이다.

한국에서의 삼 년 반 동안 무수히도 생각해왔던 글쓰기를 너무나 어이없게도 이 밀라노라는 타국 땅에서 한껏 차려입은 모습으로, 비행기, 셔틀과 버스, 택시를 타고 도착한 숙소에서 휴식이라는 명목으로, 이태리 맥주 한 병과 함께 말이다.

나는 전문적으로 글을 쓰는 사람이 아니다. ─어찌 보면 허무맹랑한 생각이었을 수 있을─ 책을 쓰고 싶다는 생각에 기운을 불어넣어준 몇몇 이들이 있다. 그중 한 브랜드 회사의 대표님은, "모든 사람들이 각자의 이야기를 가지고 있다고 생각하기 때문에 꼭 책을 써야 한다"고 주장하고 싶다며 무조건 써보라고 응원해주셨는데 내가 몇 년에 걸쳐 게으름을 부릴 때마다 한 번씩 연락을 주시고, 나의 마음을 한 번씩 채찍질할 수 있게 용기를 불어넣어주셨다.

　싱가포르에서 지내면서 많은 웃고 울었던 일들이 있었고, 한국에서 계속 생활했다면 겪지 못할 재미있었던, 짜증 나고 힘들었던, 평생 듣지도 보지도 못한 예상치 못했던 일들도 많이 겪었다. 그 후, 한국에 돌아와서는 아직 정체되어 있는 뿌리 깊은 한국의 회사 문화나 사람들의 마인드에 역으로 충격을 받기도 했다. 주위 친구들이나 지인들에게 황당한 일들을 겪거나 하면 종종 이야기를 들려주고는 했었는데, 그 이야기보따리를 하나의 책으로 만들어보고 싶어졌다. 나와 비슷하게 평범한 회사 생활을 하고 있는 사람이라면 누구나 한 번쯤은 겪거나 생각해보았을 직장인의 회사 및 업무 이야기, 그리고 회사 밖에서의 하루하루 일상 이야기에 싱가포르라는 조금은 색다른 색을 입혀보았다.

목차

에필로그

# SECTION 1  시작

# SECTION 2  적응

## SECTION 3 　싱가포르 생활

# THE LOKAL

## SECTION 1

# 시작

# 1

## 시작

2008년의 나는 너무도 열정이 넘쳐서 무모했고, 나 자신이 꽤 뭐나 되는 줄로만 알았으며, 굉장히 맹랑하고 자신만만했다. 무식하면 용감하다고 하던가. 딱 그런 식이었던 것 같다.

일이 년간의 업무를 하며 경력에 대한 고민이 심해졌다. 나는 당시 세일즈 지원을 하면서 운 좋게 마케팅 프로그램을 맡아서 하고 있었지만 좀 더 정식으로 마케팅 포지션으로 옮겨 일하고 싶었다. 하지만 당시 팀 내에 오픈 포지션이 없기도 했고, 이런저런 이유로 한국에서는 불가능한 듯 보였다. 같이 프로그램을 진행하는 아시아 본사 담당자와 일주일에 한 번 하는 정기적인 콜에서 나의 구깃구깃한 마음과 고민을 조금씩 털어놓기 시작했고, 매튜(훗날 싱가포르 오라버니)는 "싱가포르로 오는 건 어때?"라며 툭 던지듯 나에게 물었다.

정말 그냥 떠보느라 넌지시 건넨 말이었을 텐데 내가 덥석 문

것일 수도 있다. 아니면 그 시절, 갈고 닦이지 않은 투박한 열정이 넘쳐 마음대로 무언가를 하지 못해 답답해하고 항상 그 무언가를 갈망하는 나에게 기회의 손을 내민 것일 수도 있다.

나의 이력서는 매튜에게 전달되었고, 이는 내가 생각한 것과는 조금 다른 비즈니스 분석가 포지션으로 넘어갔다. 인터뷰 과정에서 숫자를 분석하는 숙제를 내주었는데, 그때는(물론 지금도) 난 엑셀이 참 서툴렀던지라 당시 같은 부서의 이○○ 부장님이 나를 앉혀 놓고 하나하나 가르쳐 주시면서 숙제 저장까지 도와주셨다. 그렇지만 데이터를 만지는 것에 익숙지 않고, 포지션 자체에 대한 열망이 덜 해서인지 지원한 결과는 실패로 돌아갔다. 그러나 운이 좋게도 나의 이력서가 돌고 돌아, 내가 한국에서 중소기업 고객을 상대로 진행하던 마케팅 프로그램을 아시아 태평양 지역에 있는 더 큰 규모의 기업 고객들을 위해 개발하여 진행하고 싶어 하는 나의 싱가포르 생활 첫 번째 매니저에게로 전달이 되었다. 지금 와서 돌아보면 이 모든 것들은 주위에서 언니 오빠처럼 도움 주시던 그 따뜻한 손길로 가능했던 것이었는데 그것을 알기까지는 시간이 좀 걸렸고, 그때까지만 해도 내가 잘해서 된 것이라 생각했다.

내가 싱가포르에 지원했다는 것을 공식적으로 아무에게도 밝히지 않은 상황이었는데, 어느 날 화장실에서 마주친 옆 부서 부장님이 나에게 물었다. "혜진 씨, 혹시 싱가포르에 지원했어요?" 예상치 못한 질문에 나는 화들짝 놀라서 우물쭈물 대며 어떻게 대답을 해야 할지 생각하느라 한참을 머뭇거렸고, 머릿속이 핑그르르 도는 것만 같았다. 레퍼런스 체크(평판 조사의 의미로, 보통 이직할 때에 지원한 회사에서 거의 최종 단계에 지원자의 과거 이력 및 평판을 조사하는 과정이고, 외국계 회사에서는 거의 필수로 진행된다.)가 엉뚱한 옆 부서의 마케팅 담당자에게로 간 모양이었다. 그냥 안면만 트고 지내던 분이었는데, 그나마 화장실에서 마주치는 분들께 인사를 열심히 하고 다녀서였을까, 그분은 꽤나 괜찮은 피드백을 주셨다고 했다. 세상은 나 혼자만의 힘으로는 살아갈 수 없으며, 또 세상은 생각보다 많이 좁기에 어디서 누구를 만날지 모르니 적어도 유치원에서 배운 기본적인 "인사를 잘하자."가 정말 참교육이었다는 것을 느낄 수 있었던 계기였다.

나의 첫 회사는 창립한 지는 꽤 오래되었지만 여전히 혁신을 멈추지 않고 있다. 2008년, 지금으로부터 10년도 더 이전에 우리는 얼굴 한 번 직접 본 적 없이 몇 번의 이메일과 화상 컨퍼런스 콜, 전화통화만으로 함께 일하기로 결정을 했다. 이미 이전에 다른 포지션에 지원하고, 큰 기대에 부풀어 있다가 한 번의 실패와 좌절을 맛본 후였기 때문인지 나는 심적으로 결과에 대해 모든 것을 포기한 채, 복잡한 머릿속을 정리하기 위해 긴 휴가를 낸 후 마음 정리를 하는 여행 중이었고, 합격했다는 최종 전화를 받았을 때는 영어가 짧아 내가 잘못 들은 것은 아닌지 "Are you sure?(확실해요?)"를 이국 땅에서 몇 번이나 외쳤는지 모른다.

2008년 그 시절은 응답하라 시리즈의 드라마와 같이 삼사십 년이 지난 굉장히 오래된 과거는 아니지만, 워낙 모든 것이 빠르게 변화하는 요즈음을 생각할 때 참 예스럽게 느껴진다. 지금처럼 검색하면 블로거들의 깨알 같은 정보가 술술 나오던 시절도 아니었고, 스마트폰을 쓰던 시절 또한 아니었다. 아직도 기억에 남아 있는 일화가 있다. 처음 일을 시작하고 나서 아이폰 3가 첫 출시 되어 나는 직구 형식으로 구매해 회사로 소포를 받았는데, 내가 손댈 틈도 없이 모두 한데 모여 박스를 열고 만져보며 감탄하던 것이 생생하게 떠오른다. 나는 그 군중 사이에 끼지 못하고 저 멀리서 "제가 산 건데 저 한 번만 만져보면 안 돼요?"라고 외치고 있었다.

싱가포르라고 하고, 들어는 봤고, 위치적인 이점으로 인해 무역업 등이 발전한 국제적인 도시의 이미지가 강한 곳이고… 어찌어찌 싱가포르에 거주하는 한국인들이 사용하는 사이트에서 한동안 지낼 방을 구해보기로 했다. 참으로 무지하게 사전조사 없이 덜컥 대충 사진만 보고 구한 방은 나중에 직접 가보니 에어컨이 없고, 창문 밖 50m 반경에서는 공사가 끊이지 않았으며, 침대는 마치 어딘가에서 주워다 놓은 듯한 허름한 매트리스를 여러 장 겹친 것이었고, 옷장이 없어 행거에 옷걸이 몇 개 걸려 있는 소박하고 겸손한 방이었다. 그런데 정말로 몰랐어서, 그냥 그곳의 삶은 다 그런 줄로만 알고 순진하게 그곳에서 몇 달간 한국 돈 80만 원씩을 월세로 주어가며 머물게 된다. 나중에 보니 싱가포르에서 에어컨이 없는 생활은 있을 수 없는 일이었고, 그나마 나는 더위를 그리 많이 타지 않았기에 지낼 수 있었던 것이었다. 그러나 이 모든 것들을 알기 전이었고, 나는 우여곡절 끝에 첫 번째 집에 짐을 풀고 핸드폰을 구입하러 나갔다. '래플스 플레이스'라는 시내 중심지 역 근처에서 내가 처음으로 사용할 '에릭슨'이라는 소니의 앙증맞은 슬라이드 폰을 구매했다. 그 카랑카랑하던 2G 전자 벨 소리가 지금도 옛 미드에서 들릴 때면 잔잔한 웃음과 함께 옛날 생각에 빠지고는 한다.

싱가포르에 도착한 지 사오일 후에 심장이 터질 것 같은 설레는 마음을 안고 사무실로 출근을 했다. 당시 22층이 리셉션 공간이었는데 하얗고 큼지막한 안내 데스크에 붙어 있는 회사 로고, 그곳에서 보이는 멋진 마리나 경관, 한걸음에 달려 나와 악수를 청하는 처음 얼굴을 마주하는 나의 매니저, 그리고 내가 왔다고 당시 싱가포르 지사 동료들을 데리고 나를 보러 내려와서 주위 사람들을 소개해주던 매튜까지 이 모든 것은 출발, 시작이라는 단어에 부합하는 모든 감정을 느끼기에 충분히 버겁고도 오묘하게 설렜다.

도착 당일, 공항에서 습한 공기를 처음 맛보고 깜짝 놀라
뒷걸음질 쳐졌던 마음과 함께 싱가포르 생활에서 가장 처음 찍은 사진

# 2
## 스치는 인연

싱가포르는 사실 친절하거나 서비스 마인드가 좋은 곳은 아니다. 싱가포르에 지내는 동안 친구가 아닌 이상 타인에게 감동받을 일이 생기는 것은 흔치 않았다. 대신 화가 날 일은 아주 많았다.

그 와중에 기억에 남는 작고 따뜻했던 인연들이 있다.

내가 싱가포르에 도착한 첫날, 위에서 언급했듯 가본 적 없는 첫 집에 주소를 적은 쪽지만 들고 찾아가야 했다. 창이 공항에 도착해서 짐을 끌고 택시를 타러 나오는데 훅 하고 밀려오는 더위와 습기는 순간적으로 내 마음을 뒷걸음치게 만들고 찰나에 '어? 이게 아닌데…'라는 생각을 하게 한 것 같다. 택시 기사님께 주소를 보여 드리고 도착해서 내린 곳은 원래 가려고 했던 곳과 반대에 위치한 아파트 단지였다. 내가 처음 살던 곳은 알주니드(Aljunied)라는 곳인데 사무실이 있는 센터와는 전철 서너 정거장 거리로 굉장히 가깝지만, 한두 블록 차이로 거주지와 홍등가가 나뉜다. 기사님은 나를 홍등가 쪽에 위치한 단지에 내려 주셨고, 난 초행길이기에 '여기가 맞나 보다' 하고 내렸다. 그 당시에는 싱가포르에 내비게이션이나 스마트폰이 거의 없었고, 택시 기사분들도 중간에 목적지를 찾지 못하면 택시를 길가에 세우고 두꺼운 지도책을 꺼내어 길 이름을 찾고는 했었다. 내려서 아파트 단지 블록 번호 등을 확인하고 보니 등줄기가 서늘하다. 무언가 잘못된 것 같아 배낭을 짊어지고, 큰 이민 가방, 캐리어를 끌고 서성이며 다시 택시를 타야겠다 생각했다. 그 큰 짐을 쌓아두고 정말 생뚱맞은 곳에서 택시를 잡으려니 지나가는 택시도 없을뿐더러 그때까지도 몰랐다. 싱가포르에서는 정해진 '택시 정류장'에서만 택시를 잡을 수 있다는 것을….

한동안 동동거리는데 현지 안띠(auntie, uncle은 굉장히 강한 싱글리쉬로 발음되어 이모님! 아저씨! 삼촌! 사장님! 등의 의미로 쓰인다.)가 지나간다. 주소가 적힌 쪽지를 보여주며 이곳이 여기가 맞냐고 물었더니 이곳이 아니란다. 길가에서 택시도 잡을 수가 없을 거란다.

너무 좌절하여 영혼을 빼놓고 황당해하며 있으니 잠깐만 있어 보라며 데려다준다고 한다. 결과적으로는 참 좋은 사람이었지만 지금 생각해보면 뭘 믿고 덜컥 '와! 살았다.' 생각한 것이었을까?

아무튼 안띠는 남편과 딸을 대동하고 용달트럭을 몰고 데려다준다며 나왔는데 앞에 남편, 안띠, 딸이 앉고 나니 자리가 없다. 나

는 뒤에 뻥 뚫린 이삿짐 싣는 용달차의 뒷부분에 올라타 속도 방지
턱을 넘을 때마다 굴러다니는 내 캐리어와 이민 가방을 부둥켜안고
약 10여 분을 달렸다. 굉장히 말도 안 되는 드라마 같은 이야기인데
정말 그랬다. 지금은 어떨지 모르겠지만 그때는 싱가포르에서 일용
직 노동자들을 트럭 뒤 오픈된 곳에 싣고 다니는 것이 불법이 아니
었다. (불법은 아니지만 짐승도 아닌데 닭장처럼 사람들을 단체로 '싣고' 다닌다 해서 인권적인
문제를 제기한 사람들도 많았던 것으로 기억한다.) 아마 지나가는 차들의 사람들에
게도 내가 그리 신기하게 보이지만은 않았기를 바라는 것은 무리겠
지…?

아무튼 나를 제대로 된 주소지에 내려주고 따뜻하게 격려도 해
주고, 돈을 주려는 내 손을 마다하며 다음에 꼭 연락하라고 쥐여준
명함에는 유명한 피라미드 회사의 상호가 적혀 있었다.


싱가포르의 동쪽으로 가면 탄종 카통(Tanjong Katong)이라는 동
네가 있다. 아주 여러 번 이사를 다니면서도 이쪽 동네에서는 꽤나
오래도록 살았었는데, 한때 걷기에 빠져 밤만 되면 4~5km 정도씩
마린 퍼레이드(Marine Parade)를 돌아다닌 적이 있다. 탄종 카통은
굉장히 현지 느낌이 나는 지역인데 동시에 오묘하게 이국적인 분위
기의 식당, 카페도 잘 섞여 있다. 다니다 보면 500m씩 줄 서 있는
퐁골 나시레막 같은 현지 맛집이나, 겉이 맛 좋아 보이는 갈색으로
바삭하게 그을린 포르투갈식의 에그타르트 가게(세련되고 예쁜 디저트 가게

가 아닌, 정말 동네 어귀 현지식의 소박한 베이커리)들이 꽤나 많다. (우리나라의 초당 순두부, 미사리 초계국수처럼 앞에 지역 이름을 붙인 '원조' 맛집임을 뽐낸다.)

걸어서 집으로 돌아올 때마다 보이는 큰 길가에 자리 잡은 야외 현지식 과일가게가 있는데, 온갖 열대과일에 두리안까지 주렁주렁 걸어놓은 것을 볼 수 있다. 종종 파인애플, 구아바, 파파야 등을 뭉벅뭉벅 썰어놓은 과일 두 팩을 5달러에 사서 돌아오곤 했는데, 어느 날 가게 주인이 만다린(싱가포르에서 영어는 제1 국어이지만 사실상 그들끼리 만다린 중국어를 더 대중적으로 사용한다.)으로 아는 척을 하더니 파인애플 한 팩을 더 싸주는 것이었다. 나는 손을 절레절레 흔들며 괜찮다고 했는데 뭐 덤이라고 줬던 것 같다. 사실 한국은 어디 가면 맛보기, 하나 더 얹어주기 같은 덤 문화가 익숙하지만 싱가포르에서는 정말 모든 것이 돈이다. 식당에서도 식사를 하다가 '소스를 더, 땅콩을 더, 무언가를 조금 더 줄래?'라고 하면 다 친절히 준다. 단, 계산할 때 모든 것이, ―심지어 유럽처럼 때로는 물까지― 영수증에 추가로 찍혀 있을 뿐이다. 굉장히 별거 아닌 일이었는데도 '덤'을 하나 더 얹어준 그 과일가게에서 돌아오는 길은 표현하기 힘든 따뜻함과 내가 진짜 현지인이 된 것만 같은 느낌을 주었다.

한번은 오차드 MRT[*]에서 올라와서 저 앞에 있는 건물에 가려

---

[*] Mass Rapid Transit의 약자로 지하철을 뜻하며 방콕을 포함한 동남아권에서는 대부분 지하철을 MRT로 부른다.

고 하는데 갑자기 소나기가 오는 것이다.

싱가포르는 하루에 한 번은 하늘이 뚫린 듯이 퍼붓는 국지성 소나기가 내리는 곳이기에 기다릴지 그냥 맞고 뛸지 잠깐 고민하는 중이었는데 한 할머니가 내 팔을 톡톡 치면서 웃는다.

깜짝 놀라 경계하며 보니 영어를 못하는 분이었는데 알아듣지 못할 말로 '어디까지 가니'라고 묻는 듯하여 괜찮다고, 가깝다고 손짓 발짓하는데 자신의 우산을 함께 쓰자며 나를 이끌고 내 목적지 쪽으로 향한다. 언어가 통하지 않는 상황에서도 그렇게 먼저 손 내민 그 따뜻한 할머니의 미소는 10년이 넘게 지난 지금도 기억에 남아 있다.

# 3
## 집

싱가포르에는 여러 가지 타입의 주거형태가 있다. 크게는 HDB*, 콘도, landed house로 나뉜다. 그 사이 사이에는 이그제큐티브 HDB, 숍하우스 등등 여러 가지 세부 타입이 있다. 싱가포르에 지내면서 우여곡절 속에 약 열 번 정도 이사를 다니다 보니 웬만한 외국인은 거의 가볼 일이 없는 길 또는 동네 이름만 들어도 대충 동서남북 어디 즈음인지 알 수 있는 박식함(?)이 생겼다.

열 번이라고 하면 엄청난 횟수인데 매번 사건 사고가 있었다. 보통 외국 생활을 하면 회사, 비자, 집, 이 셋 중 하나 때문에 엄청 고생한다고 하는데 나의 케이스는 집이었다. 각각 사건 사고가 있었지만 한국에서는 외국만큼 계약이라는 것에 대한 의존도나 힘이 크

---

*    Housing & Development Board의 정부 아파트

지 않았고, 매물이 크지 않을 경우 구두로 협의하여 조정하는 일이
많았으며, 나는 그런 경험을 해본 적이 없었기에 더 어리바리했을
것이다. 한번은 새로운 곳으로 이사하기로 하고 현재 살고 있는 집
에 이야기한 후, 짐을 다 싸서 새집으로 들어갔는데, 짐을 끌고 들
어가자마자 이미 집을 전체 임대하여 나에게 방을 내놓았던 이가
집주인이 서브리즈(sublease)*를 주지 말라고 했다며 5일을 줄 테니
나가라고 한 적도 있다. 대신 5일간 집값은 안 받겠다고 선심 쓰며.

마지막으로 둥지를 튼 곳은 다코타(Dakota)라는 곳인데 싱가포
르에서 처음이자 마지막으로 혼자 살았던 곳이라 마음이 편했고,
회사가 위치한 CBD(상업 비즈니스 지역)에도 십 분에서 십오 분이면 갈
수 있지만, 동네 자체가 아직 외국인들에게는 많이 노출되지 않아
가격도 나름대로 합리적인 곳이었다. 여전히 즐겁고 좋았던 기억이
남아 있다.


2011년 9월

나는 싱가포르에 있으면서 이사를 참 많이 다녔다.

우범지역까지는 아니지만 홍등가와 멀지 않은 알주니드, 겔
랑부터 이국적이라 분위기 좋기로 소문난 오차드 뒤쪽의 발모랄

---

* 전대차를 뜻하며 임차인이 임차물을 다시 제3자(전차인)에게 임대하는 계약

(Balmoral) 지역에도 살았었고, 한국인과 일본인들이 굉장히 선호하는 주거단지인 리버밸리에서도 살았었다. 소위 한국으로 치면 압구정, 청담, 평창동 느낌인 것 같다. 그러다가 지금 살고 있는 동네인 탄종 까통(Tanjong Katong) 지역에 자리를 잡은 지 어언 1년 반이 되어 간다. 싱가포르 생활 중 가장 오래 버티고 있는 지역이다. (물론 이 지역 내에서도 두어 번 옮기기는 했다. 이사는 내 취미였으니까.)

이 동네에 계속 머물 수 있는 이유라면 글쎄? 적절한 더러움과 깔끔함, 외국과 로컬 문화의 조화로운 매력이 아닐까? 또한 동쪽이라 공항도 가까운 편이고, 시티도 가까운 편, 맘껏 운동할 수 있는 이스트 코스트 파크(East Coast Park)도 가까운 편이다. 물론 맘껏 운동해본 적은 손가락에 꼽지만 말이다.

이 까통 지역은 현지 맛집 거리로 유명하다. 집에서 십 분에서 십오 분 정도 걸으면 까통 스트리트를 만날 수 있는데 요즘에는 기존의 오래도록 자리 잡고 있는 로컬 맛집들과 우후죽순 생겨나기 시작하는 독특하고 매력적인 서양 식당들이 어우러져서 고르는 재미를 준다. 유명한 까통 락사부터 일본의 돈까스 라멘, 로컬 호커센터, 베트남 음식, 몽골식 샤브샤브, 인디언 식당, 한식까지 없는 것 빼고는 다 있다. 요식업에 호기심이 있는 나는 운동 겸 그 길을 따라 걸으며 새로 들어오는 가게의 인테리어도 구경하고 혼자 자리몫이 어떠니 계산도 하고 한때 열정적으로 예쁜 가게에 들어가서는 파는 아이스크림 하나, 커피 한 잔씩을 주문하며 임대료가 얼마 정도인지 물어보기도 했었다.

　탄종 까통 로드와 이어진 이스트 코스트 로드는 싱가포르의 전통 숍하우스로 이루어져 있다. 색색의 숍하우스들에 하나둘씩 늘어가는 아이스크림, 케이크, 디저트 집들이 어찌 예쁘지 않을 수 있을까?

　이 동네에 1년 반 정도를 살다 보니 이제는 때때로 '이거 먹고 싶다!'라고 떠올릴 수 있는 맛집 리스트를 가질 수 있게 되었다. 우리 동네의 다른 좋은 점 하나는 위에 언급했던 이스트 코스트 파크(East Coast Park)가 가깝다는 것이다. 사실 싱가포르 바다는 인근의 인도네시아, 말레이시아와 상당히 밀접하게 위치하고 있어서 한국처럼 탁 트인 느낌은 덜하다. 우선 유조선들이 떠 있어서 탁 트인 맛을 방해하기도 하고, 바닷물에 발을 담가 보면 한국의 동해바다처럼 뼛속까지 시린 알싸한 차가움이 아닌, 누가 발에 오줌을 싼 듯 밍기적 미적지근한, 약간은 뜨듯하고 미묘한 느낌을 가질 수 있다.

　이스트 코스트 파크에서는 주로 자전거를 타거나, 내가 좋아하는 소통(Sotong, 삼발 소스로 버무린 오징어 볶음), 쮸쮸(Zouk Zouk, 큰 다슬기를 맵게 볶은 요리)를 먹고 싶을 때 간다. 나름대로 할 수 있는 운동 중 거의 유일무이한 자전거를 타며 점심을 먹고 올 때도 있고, 현지 친구들과 마음이 맞으면 아주 큰 호커센터에서 위에 언급한 소통이나 쮸쮸를 먹으며 여름밤을 즐기기도 한다. 모두 살찌는 지름길이지만 그래도 가끔이나마 자전거를 타면서 먹는 것은 죄책감을 줄여주기 때문이다.

주거환경으로 봤을 때 지하철로는 회사까지 여섯 정거장, 버스를 타고 고속도로를 타면 십오 분이다. 나쁘지 않다. 지하철역에서 집까지는 버스 세 정거장 정도에, 걸으면 십 분에서 십오 분 정도이니 밤에 바람이 살랑거릴 때는 걷는 것도 좋다. 오는 길에 큰 마트가 두세 개나 있어 장을 보기에도 편하다. 지하철에서 오는 길의 3분의 2는 전형적인 현지 분위기와 말레이 동네 느낌이다. 현지인들이 어디에나 가득하고, 오는 길에 있는 자그마한 쇼핑몰에는 무슬림 전통 옷 가게들로 채워져 그들의 색깔이 그득하다. 나머지 3분의 1은 점차 아주 조금씩 깔끔하면서도 오묘해지며 맛집 거리로 이어진다. 엄청 현대적이거나 세련되지는 않았지만, 너무 후지지도 않고 사람 사는 냄새도 간간이 나는 우리 동네. 내가 사는 동안은 더 좋아하게 될 것만 같다.

이스트 코스트 파크에서의 자전거 산책

위의 글을 쓴 후로도 두 번 정도 더 이사를 했던 것 같은데 까통 지역을 크게 벗어난 적은 없다.

# 4
# 사람

2012년 5월

한국에서나 싱가포르에서나, 전 세계 어느 나라를 가더라도 사람은 누구에게나 가장 어려운 숙제일 것이다.

이삼 년에 한 번씩 사람들이 찍고 떠나느라 물갈이가 되는 싱가포르라는 나라의 특성상, 이제는 어느 정도 떠나는 사람을 보아도 별 느낌이 안 드니 참 쿨하면서도 스스로가 안타깝다. 초반에 알게 된 어떤 이는 거의 초면에 나에게 "싱가포르에 얼마나 있을 것이냐, 계속 살 것이냐"고 물었었는데 나는 그때만 해도 이삼 년 정도 있을 것 같다고 대답했다. 그 말을 들은 사람의 반응은 "음 그럼 친해지면 안되겠네? 어차피 갈 거면 정을 줄 필요 없잖아"라고 우스갯소리로 말했는데 참 톡 쏘는 가시가 있는 말이었다. 내가 막연하게 생각했던 기간보다 더 있게 되면서 비록 그 사람의 말은 장미의 가시

와도 같이 따가웠었지만, 그 마음을 이해할 수 있게 되었다. 친해질 법하면 누군가가 자기 나라로 돌아가거나 다른 나라로 가 버리는 그 이별이 굉장히 힘들면서도 익숙해질수록 마음이 단련되는 것인지 애써 의연하게 넘어가는 것인지 무언가 감정의 한 조각을 잃어가는 느낌이었으니 말이다.

싱가포르 생활 초반 오피스에는 한국 사람이 거의 없었다. 그래서인지 한국에서 출장 오시는 분마다 거의 부서를 막론하고 꼭 나와 커피 한잔, 밥 한 끼를 해주셨었다. 한번은 한국에서 같은 부서였던 부장님이 출장을 오셨었는데 그분을 보내고 나서 나도 모르게 찔끔 눈물이 났던 기억이 있다. 출장 온 분이 사실 그렇게 사적으로 친한 분도 아니었는데 떠나가는 사람 뒤에 홀로 남겨진 이의 공허함이었을 것이다.

언제 어디서나 마찬가지겠지만, 성인이 되어서 내 나라가 아닌 곳에서 친구를 사귀려면 그것을 위한 투자를 해야 한다. 시간, 돈, 마음, 노력이라는 투자가 적당히 맛있게 버무려졌을 때 편하고 즐거우면서도, 진지한 이야기를 논할 수 있는 친구가 되는 것 같은데 말처럼 쉽지만은 않다. 위에 잠깐 이야기했듯 학창시절에는 수업이, 또 함께 어울려 먼지처럼 굴러다니는 젊음이 쉽게 친구라는 울타리를 만들어주지만, 나이가 들수록 친구 사귀기 어렵다는 말은 정답이다. 이미 머릿속에 탑재된 나만의 가치관이 있기 때문에 상대가 나와 조금이라도 맞지 않는다는 생각이 들면 피곤하니까 그냥 '투자 하기를 포기하는 것이다. 불편하기도 하고, 어릴 때처럼 친구가 없으면 죽고 못 사는 열정도 더 이상은 없기 때문일 것이다.

지금도 부족하지만 더더욱 영어에 대한 감이 부족했을 때는 나를 향해 웃어주고 좋다, 예쁘다, 멋지다 하면 들리는 대로 다 믿었다. 그런데 살아보니 똑같은 단어도 진심과 그냥 하는 말을 어느 정도는 구별할 수 있는 촉이 생기고, 자꾸 그들의 친절함이 가식으로 느껴지는 상황이 하나둘씩 보이면서 짜증이 날 때도 생기기 시작했다.

한 번은 미국에서 온 동료와 우연히 회사 휴게실에서 마주쳤다. 세상 밝게 인사하던 그는 금요일에 뭐해? 같이 술 한잔할까? 하며 온갖 운을 띄웠다. 그 당시 나는 친구가 별로 없었기에 진짜 그날만을 손꼽아 기다렸었는데 금요일이 다 되어도 아무 말이 없는 것이었다. 그에게 사내 메시지를 보내 "오늘 우리 만나는 거니?"라고 물어봤는데 그는 정작 기억도 못 하고 있었더랬다. 아무래도 이 사건 이후에 더 막 내뱉어지는 친절함에 대한 의심이 싹트기 시작한 것 같다. 자꾸 사람을 의심하게 되는 것. 이것 정말 좋은 것이 아닌데 자꾸 나를 그렇게 만든다.

어떤 사람이 가식적인 것 같다, 친한 척하는데 의뭉스럽고 진심을 모르겠다 하는 마음을 다른 내 친구도 그 상대에게 똑같이 느꼈다고 말하는 것을 보면 사람은 다 거기서 거기인데 말이다.

이런 알쏭달쏭한 사람들의 환한 미소 사이에서 아주 길게 알고 지내지는 않았지만, 모든 부분의 주제에 있어 클릭이 되는 친구가 또 자기 나라로 돌아가게 되었다. 지지난 주 아직 신혼여행을 못 갔다며 뉴질랜드로 간다기에 "양 한 마리 잡아 와, 나 부츠 만들어 신게" 했더니 너무도 귀여운 양 인형을 집어온 친구들….

끼리끼리 만난다고 했나? 그녀와 그녀의 남편은 참 바른 사고방식에 독립적이고 똑똑하면서도 자유로운 좋은 사람들이다. 원래 싱가포르의 생활을 좋아하지만은 않았던 나이지만, 정말 좋은 점을 하나 꼽으라면 한국에서는 만날 수 없었을 다양한 경험을 가진 여러 사람들을 만날 수 있다는 것이다. 그 이후 나는 더블린에 세 번이나 방문하였고, 우리는 지금까지 2년에 한 번씩 유럽 그 어딘가에서 짧은 휴가를 함께 보내고 있다.

# 5

## 타인과 함께하는 삶

타인과 함께하는 삶은 쉽지 않다. 특히 나 또는 내 주변에 같이 자라고, 같은 동네에서 학교를 다니고, 비슷한 사고방식과 라이프 스타일을 가진 친구들처럼 크게 집을 떠나본 경험이 없는 사람들은 다른 생판 모르는 사람들과 '하우스 메이트'라는 프레임 안에서 함께 사는 것이 정말 쉽지 않다.

싱가포르의 임대료는 살인적이다. 요즈음에는 한국도 물가가 굉장히 많이 상승해서 싱가포르보다 비싼 느낌이 들 때도 있지만, 기본적으로 싱가포르는 전세 없이 월세 개념밖에 없어 매달 현금이 몇천 불씩 월급에서 뚝뚝 떨어져 나가는 것을 확인하는 것은 매번 꽤나 충격적이다. 그래서 직장인들도 방 하나씩을 각각 사용하고, 공동구역은 공유하는 콘셉트로 많이 사는데, 방 하나 사용가격만 해도 방 타입에 따라 커먼룸은 1,000 싱가포르 달러 선, 화장실이 딸려 있는 마스터 룸(한국의 안방 개념)은 2,000 싱가포르 달러 선을 웃돌고, 물론 그 이상의 매물은 셀 수도 없이 많다.

나도 처음에는 싱가포르에서 그리 오래 거주하게 될지 몰랐었기 때문에 그렇게 임대료를 내며 생활을 했지만, 5년이 넘어가면서 처음부터 부동산에 관심이 없었던 것에 대해 엄청 후회했었다. 처음 싱가포르 생활을 시작했던, 마리나베이샌즈(Marina Bay Sands)* 도 없던 그 시절에 집을 미리 샀었다면 몇 년 동안 땅에 현금을 뿌릴 일도 없었을 일이고, 지금 내 삶이 더 편해져 있었을 텐데 하며 말이다.

이사를 많이 다녔던 만큼 독일인, 한국인, 일본인 등 다양한 사람들과 생활을 해봤는데 기억에 남은 하우스 메이트들도 있다.

**좋은 예 1)**

앞에서 잠깐 언급했듯이 이사를 들어간 지 5일 만에 속수무책 다른 집을 구해야 하는 상황에 처했을 때가 있었다. 마틴 로드(Martin Road)에 위치한 올리아나스 레지던스(Oleanas Residence). 그곳에서 두 명의 일본인에게 면접 아닌 면접을 보았고, 당당히 그들의 하우스 메이트로 입성했다.

~~~~~~~~~~~~

* 싱가포르의 아이콘으로, 세 개의 호텔로 이루어져 있고 꼭대기에는 이 세 동의 호텔을 잇는 360도 경관을 자랑하는 스카이파크와 멋진 바가 있다.

두 명의 일본인 메이트 중 한 명은, 지금은 이름이 잘 기억나지 않지만 정말 소름 끼칠 정도의 사이코였다. 예를 들자면, 이야기 중에 무언가 본인이 불리해진다고 생각이 되면 갑자기 흐느끼며 운다. 너무 놀라서 괜찮냐고 물어보면 갑자기 있었는지도 몰랐던 쌍둥이 언니가 오늘 죽었다고 한다. 너무 황당하고 말도 안 되는 이야기인데 그런 이야기를 듣고, 우선은 잘못한 게 없어도 내가 먼저 사과하고 분위기를 무마시키는 쪽으로 마무리 짓게 만드는 요상한 재주를 가진 사이코였다. 창고에 버리려고 모아둔 쇼핑백 중 하나를 급하게 사용했을 경우 어김없이 다음 날 냉장고 앞에는 '내가 제일 아끼는 쇼핑백을 허락 없이 쓴 사람에게'라며 경고 쪽지가 붙어 있기도 했다.

하우스 메이트 두 명이 일본인인데도 타카코 언니하고는 이런 상황들을 함께 경험하며 '소~름'을 외쳐댔다. 우선 타카코 언니는 성격이 워낙 좋기도 했지만, 대학교 때 딱 1년 한국어학당을 다녔다는 사람치고는 말솜씨와 정서가 너무나도 한국인과 같았다.

내가 밥을 먹으려고 챙겨 앉다가 언니가 퇴근하는 것을 보고 '같이 먹을래?'라고 물으면, 본인은 배가 안 고프단다. 그러면서도 들어오자마자 그대로 내가 밥을 먹는, 소위 말해 밥상머리 앞에 앉아 자연스레 그 앞에 놓인 반찬을 하나씩 집어 먹으며 오늘 무슨 일이 있었는지 늘어놓았다. 마치 나와 엄마와의 밥상머리 수다를 보여주는 듯했다. 또 더욱 친해질 수 있었던 이유는 당연히 술, 아니 홍이었다. 집 앞 300m 거리에서 술에 만취해 택시를 타고 저 앞 집에 데려다 달라고 하다가 기사님께 엄청 욕먹기도 했었던 타카코 언니는 내가 항상 가지고 있던 일본인의 전형적인 모습에 대한 편견을 깨준 참 시원시원하고 밝은 주당이었다. 그때 당시, 집 앞에 있었던 UE 스퀘어 1층에 우리가 자주 가던 바가 있었다. 세련되었던 분위기에 참 상냥했던 일본인 바텐더가 있던 곳이었는데, 나는 몇 달 전에 거의 10년 만에 타카코 언니와 함께 명동의 한 호텔 바에서 그 바텐더를 다시 조우하게 되었고, 사람은 언제 어디에서 만날지 모른다며 인연에 대해 다시 한번 되뇌었다. 운 좋게도 언니가 새로 들어간 회사에서 1년에 서너 번은 한국 출장을 보내주는 관계로 우리는 아직도 꽤나 자주 본다.

**나쁜 예)**

사실상 외국에서 가장 조심해야 할 사람은 같은 한국인이라고들 한다. 위에 겪었던 이사 등의 사건으로 인해 실망이 이만저만이 아닐 때 실망 한 스푼을 더할 만한 하우스 메이트를 만났다.

아무래도 타인과 함께 살면서 공동으로 사용하고 관리해야 하는 장소가 있을 경우에는 미묘한 갈등이 더 심해진다. 보통 방을 각각 쓰고 주방이나 거실은 공유하는 형식인데, 그렇다고 거실 쇼파에 잠옷 바람으로 늘어져 TV를 보거나 부엌에서 잔치 음식을 해대기에는 내가 낯도 가리는 편이었고, 어색하고 불편한 공기가 싫어

밥도 방에서만 먹고는 했다. 그때의 생활 습관 덕에 나는 지금도 방 안에서 며칠 내내 있으라고 하면 꽤나 잘 지낸다. 그리고 부모님은 제발 방구석에서 나오라며 속 터져 하신다.

이 분은 술을 참 좋아했다. 나도 즐겁게 마시는 술 한잔은 좋아하는데 그렇다고 매일 먹거나 더 마시려고 아무나 집에, 그것도 다른 사람들과 함께 살고 있는 집에 미리 공지 없이 데려오거나 하는 것은 상상해본 적도 없다. 처음에는 잘 지내보려는 마음에 하우스메이트와 함께 몇 번 밥도 같이 차려 먹고, 당시 나의 주특기였던 푸딩 같은 계란찜도 맛있게 해주고는 했었다. 한 번은 새벽 한 시가 넘어 자고 있는 내 방문을 두드리기에 놀라서 일어나 문을 열어보니, 친구들을 데려왔다며 술에 거나하게 취해 그 시간에, 그리고 그 상황에 계란찜을 해달라는 것이었다.

그 이후로도 그녀는 남자친구가 오면 둘이 거의 반나체로 마루에서 화투를 치거나 술을 마시며, 내가 지금까지도 방 안에서만 있어도 답답해지지 않고 잘 지낼 수 있는 계기를 만들어주었다. 남에게 싫은 소리 하기 좋아하는 사람이 있을쏘냐만, 바보같이 한 번도 항의하지 못하고 스스로가 정말 답답했다. 한국으로 돌아와 부모님과 함께 살기 시작하면서 내가 방으로 계속 음식을 가져다 먹고, 하루 종일 방 안에서 꼼짝 않는 것을 보면서 부모님은 엄청 의아, 신기해하면서도 동시에 굉장히 답답해하셨다.

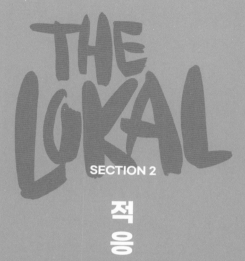

SECTION 2

적
응

# 내 친구들 1

    싱가포르에 있으면서 많은 사람들과 만나고, 헤어지고, 스쳐지나갔다.

    일적으로 알게 되거나 소개받게 되는 경우에는 적절하고 담백한 관계를 유지할 수 있었지만, 초반에 멋모르고 한두 번 참석했던 한국인들 모임에서 세상 끝까지 함께할 것 같은 순간적으로 불붙은 우정, 그 사이에서 싹트는 사랑과 배신, 음모와 질투, 이간질, 편견과 뒷담화 등 이 모든 것들을 불과 서너 달 만에 목격하고는 다시는 어울리고 싶지 않았다. 한국 드라마가 왜 유명해지고 인기가 많을 수밖에 없는지 몸소 느낄 수 있었다. 여러 가지 내키지 않는 이유로, 또 딱히 기회도 없어서 한국인 친구는 거의 아이린이 유일무이했다. 한 번씩 그녀의 집에 놀러 갈 때마다, 나 스스로는 절대 안 썰어 먹을 것 같다며 큰 포기김치를 꺼내 쫑쫑 썰고, 마른 멸치와 진미 오징어 볶음을 내 두 손 가득 들려 집으로 보냈다.

보통 성인이 되어서는 놀 때, 파티할 때, 즉 즐거울 때만 함께하는 친구들이 아닌, 고민과 일상을 공유할 수 있을 만큼 편하고, 서로 진실되게 임할 수 있는 친구를 만나기는 쉽지 않다. 어렸을 때는 무조건 함께 오랜 시간 묶여 있어야만 하는 학교, 수업이라는 것이 있고, 그 친구와 함께하는 시간이 심지어 가끔은 가족보다도 의미 있고 좋은 것이기에 먼지처럼 함께 뭉쳐 다니며 낄낄거리고 쉽게 친구가 될 수 있었다. 하지만 나이가 들어가면서는 본인의 가치관이 자리 잡고 있어, 소위 머리가 커져 다른 사람과 맞추기가 힘들고, 굳이 맞추려 노력하기에는 상황이 복잡하고 귀찮아져 포기하게 된다.

아이린과 나의 첫 만남은 지금 생각해도 참 신기한 인연이다.

나는 방을 구하고 있었고, 그 당시 이린이는(Irene, 아이린이 영어 이름인데 애칭으로 이린이로 부른다.) 결혼하기 전이라 혼자 살고 있어서 남는 방을 내놓은 상태에서 만나게 되었다. 지금도 서로 얘기하지만 그녀에게 난 어디서도 한눈에 알아볼 수 있는 전형적인 한국인의 외모와 스타일을 자아내는 모습이었다고 했고, 나는 마음속으로 이 친구는 기질이 너무 곱고 차분하고 얌전해서 덜렁대는 나와 잘 어울릴 것 같지만은 않다고 생각하고 있었다. 토파요(Toa Payoh)역에서 만나 그녀의 집으로 가는 버스 안에서 서로 어색하고 조심스레 이야기를 꺼내기 시작했는데 우선 우리는 동갑이었다.

| 나 | "센터까지는 몇 분 정도 출퇴근 시간이 걸릴까요?" |
| 이린이 | "오피스가 어디쯤 있어요?" |
| 나 | "래플스 플레이스요." |
| 이린이 | "어, 나도요!" |
| 나 | "어머, 어느 빌딩이에요?" |
| 이린이 | "NTUC 빌딩이에요." |
| 나 | "어, 나도요!" |
| 이린이 | "어머, 몇 층이에요?" |
| 나 | "어머, 같은 회사예요!" |

결과적으로 방 계약이 성사되지는 않았고, 같은 회사에서 근무 중인 것을 안 후 점심을 같이 먹게 되면서 우리는 친구가 되었다. 처음에는 정말 서로 예의상 웃음에 맞장구치고, 중간중간 정적이 흐르는 어색한 점심 식사였지만 그녀의 웃음소리가 화통하게 달라 지는 것을 느낀 그 어느 날, 우리는 정말로 친구가 되었다.

이린이는 대만에서 중학교 시절을 보내고 그 당시 싱가포르에서 산 지 15년 가까이 된 거의 현지인과 다름없는 한국인이었다. 같이 다니면 사무실에서 마주치는 한국인 직원들은 나에게는 '혜진 안 녕!', 이린이에게는 'Hello!'라고 인사한다. 같이 네일숍에 가면 이린 이가 나에게 한국말을 하는 순간 숍 직원들이 수군대기 시작한다. 직원들은 조심스럽고 신기하다는 표정으로 이린이에게 "너 싱가포리언인데 한국말 어떻게 그렇게 잘해?"라고 묻는다. 그만큼 로컬사람 같아 보인다고 하는데 나는 아직도 잘 모르겠다.

이십 대 후반이 다 되어 만나서 아는 이 하나 없는 이 타지에서 마음적으로 의지할 수 있고, 공유할 수 있는 친구를 만날 수 있다는 것은 참으로 감사한 일이다. 알고 지낸 동안 이 아이는 든든한 남편과 결혼도 했고, 가슴 아픈 일들도 겪었다. 그럼에도 불구하고 한결같이 부드러우며 강한 모습을 보여주는 것이 어찌나 친동생, 친언니처럼 든든하고 대견한지 모른다. 한때 어떻게든 나를 싱가포르에 눌러 앉힐 궁리를 했던 이린이는, 현재 일본에서 남편과 곱디고운 두 아이와 함께 살고 있다. 3년 전에 처음으로 일본 출장을 갔었다. 3박 4일 일정임에도 큰 캐리어 두 개에 김치며 밑반찬을 꾹꾹 눌러 담아 갔었는데, 마침 공항에서 마주친 동료들이 나의 캐리어 짐을 보고 어이없어하며 깜짝 놀라 했던 기억이 난다. 3일간 짐을 호텔 냉장고에 고이 모셔두었다가 마지막 날 픽업 온 친구에게 전달해주었는데, 그 기분이 마치 친정엄마가 딸에게 반찬을 싸 보내면 이런 마음일까 싶었더랬다. 앞으로도 지금처럼만 서로 힘들면 의지하고 좋으면 같이 까르르 웃을 수 있는 친구로 남아주길. 계속 함께 할 우리의 앞날과 원격 우정을 기대해본다.

# 7

## 내 친구들 2

싱가포르에 있으면서 회사에는 한국인이 많지 않았고, 초반에 여러 번에 걸쳐 이사를 다니며 이런저런 힘들었던 일들이 많아 알고 지내는 한국인 친구는 거의 없었다. 그러나 심적으로 희로애락, 우여곡절이 있던 싱가포르 생활에서 운 좋게도 내 인생에 정말 중요한 친구들을 만날 수 있었다.

바로 사브리나와 이본이다. 나의 한국에 있는 친구들이나 가족, 지인이라면 한 번 즈음은 이 이름들을 들어봤을 것이다. 둘 다 회사 같은 층, 다른 부서들에서 근무하다가 어느 순간 없으면 안 되는 존재가 되어버린 정말 소중한 친구들이다.

그 당시 사무실 우리 층에는 또래가 거의 없었는데, 어느 날 데이브라는 동료가 사브리나를 소개해주었다. 나와 또래일 것 같다며 친하게 지내라고. 어색하게 쭈뼛대며 인사하는 나에게 사브리나는 첫 만남에 주말 계획을 물으면서 아랍 스트리트에 가봤냐며 구경시켜주겠다고 제안했다. 그 주말도 다른 주말과 다름없이 바깥을 보기만 해도 목 뒷덜미에 불이 붙을 것처럼 태양 볕이 내리쬐었고, 사브리나는 고맙게도 차를 가지고 와 나를 픽업하고 아랍 스트리트로 데려가 주었다. 차를 주차하고 둘이 어색하게 이곳 저곳, 이 골목 저 골목을 누볐고, 처음으로 타이 음식도 맛보게 해주었다.

코로나가 본격적으로 터지기 전이었던 2019년 12월, 방콕에서 사브리나를 만났는데 지난 이야기를 하다가, 나는 태어나서 그때 처음으로 태국 음식을 먹어봤었다고 이야기했다. 싱가포르, 라벤더역 근처에 골든마일이라는 타이 몰, 타이 나이트 클럽 겸 버스터미널 건물이 있는데 그곳에서 나는 난생처음 타이 음식을 맛봤다. 말레이시아로 이어지는 거의 모든 버스 노선을 탈 수 있는 —우리나라로 치면 동서울터미널, 고속버스 터미널과 같은— 허브인데 어떤 이유에서인지 태국 음식점이나 마사지 등, 리틀 타일랜드처럼 태국의 문화와 색깔이 많이 녹아 있는 몰이었다. 솔직히 골든마일이라고 하면 그리 세련되거나 럭셔리한 곳이 아니라서 이번에 만나 이야기하며 서로 박장대소했었다. 그 당시 골든마일 안에 있는 나이트 클럽에서는 춤을 잘 춘다 싶으면 목에 꽃목걸이를 계속 연속적으로 걸어준다고 한 것 같기도 하다.

아무튼 처음 어색할 때 손 내밀어준 것이 인연이 되어 우리는 지금까지도 베프이다. 또래에 관심사도 비슷하고, 같은 마케팅 일을 하기도 해서 더욱 통하는 것이 많고, 그녀의 새초롬한 듯 이성적인 부분은 나의 감성적으로 널뛰는 부분을 잘 컨트롤해준다. 서로 눈빛만 봐도 농담이 통하고 함께 헛소리를 하며 즐거울 수 있는 친구, 내가 회사 인터뷰를 할 때 내용을 리뷰한 후 피드백을 주고, 오퍼 협상을 할 때 내 이메일을 더 세련되게 수정해주곤 하는 친구, 내가 힘들어할 때 손을 맞잡고 기도해주는 친구이다. 해외에 갈 때마다 카페에 자주 가는데, 바리스타가 커피 주문을 받으면서 내 이름을 물어볼 때마다 나는 기억하기 힘든 내 이름 대신 '사브리나'라고 말한다. 그래서 내 핸드폰 사진첩에는 세계 많은 대륙과 도시를 방문하여 주문해 마신 커피 컵에 사브리나의 이름이 쓰여진 사진들로 가득하다.

다른 친구 이본 역시 같은 회사, 같은 층에서 일하며 알게 된 친구이다. 정확하게 어떻게 친해졌는지는 기억이 나지 않지만 워낙 성격이 좋아 항상 환하게 웃는 얼굴로 인사해주곤 했던 기억이 난다. 당시에 우리는 같은 층에 일하는 몇몇들과 그룹이 되어 종종 맥주도 한 잔씩 하고 저녁도 함께 먹는 멤버가 되었다. 얼마 전 이본에게 나의 첫인상에 대해 물어본 적이 있는데 답은 상당히 간단하게 돌아왔다. 안티 소셜(anti-social). 굉장히 조용하고 말을 아끼며 어울리지 못했다고 한다. 아무래도 나의 싱가포르 초반 이삼 년은 언어와 문화에 대해 내가 어떻게 말하고 받아들이고, 행동해야 할지에 대한 자신감도 부족하고 스스로 많은 생각을 할 때라 더욱 그리 보였던 것 같다. 나를 오랫동안 봐왔던 한국 친구, 동료들이 들으면 깜짝 놀랄만한 코멘트이기도 하다. 아무튼 이본과 그녀의 남편 션은 내가 싱가포르에서 만난 친구들 중 단연코 나의 친언니, 형부라고 생각할 수 있을 만큼 나에게 따뜻한 우정을 보여주었다. 둘 다 때로는 과하다 싶어 내가 말릴 정도이기도 했는데 그들의 넓은 이해심과 따뜻한 베풂을 가끔은 이용하는 사람들도 있기 때문이었다.

내가 새로 이사를 했을 때 같이 이케아에 간 적이 있다. 나는 기본적으로 조립, 연결 이런 것들을 정말 못하기 때문에 아무 생각 없이 식탁을 구매해서 차에 구겨넣고 집으로 돌아와서는 뒤늦게 이 모든 것을 조립해야 한다는 사실을 깨닫고는 짜증이 났다. 이에 이본은 갑자기 가방을 펼쳐 보였다. 예쁜 가방 안에 웬 드라이버, 펜치와 케이블 타이란 말인가. 그녀는 그 누구보다도 조립이나 이런 것에 능하다. 션은 힘을 써서 테이블을 옮기고, 이본은 식탁을 툭툭 조립하고, 나는 계속 음료수만 떠다 주며 응원하면서 새 식탁의 조립이 완성되었다. 함께 구매한 TV 받침대까지 조립을 완성하고 보니 인터넷과 TV 선들이 정리되지 않은 채 어지럽게 늘어져 있다. 이본은 가방에서 케이블 타이를 꺼내어 지저분한 라인을 싹 정리해 묶어 안 보이는 곳으로 숨겨주었다.

싱가포르는 세입자가 이사 나갈 때에 인스펙션(inspection) 소위 말해 '검사'를 거쳐 보증금을 악착같이 제한다. 웬만하면 보증금을 그대로 돌려받는 우리나라와는 완전히 상반되는데, 이사 나갈 때가 되면 정기적인 에어컨 점검, 커튼 세탁 등의 영수증을 모았다가 제출해야 하고, 바닥에 작은 흔적 하나, 벽에 줄이라도 하나 그어지면 바로바로 보증금에서 깎인다.

내가 이사를 나갈 때 그녀는 또 찾아와 커튼을 일일이 다 떼어 주고, 부동산 중개자와 집 보증금을 제할 것이 없는지 검사하는, 심지어 세탁기 내부 고무패킹까지 뒤집어 보는 과정 내내 자기 일처럼 항변을 해주고, 협상을 도와준다. 감히 말하건대 피가 섞인 친자매도 이렇게 해주기는 쉽지 않을 것이다. 한참이 지난 지금도 나는 그들이 무한하게 베푼 우정과 따뜻함, 응원을 진심으로 감사하게 생각하고 있다. 우리는 지금도 시시콜콜한 일상과 농담을 일주일에 두세 번은 나눈다.

나에게는 영어가 모국어도 아니고, 싱가포르 사람이 아니기 때문에 이들과 100% 세세하게 이해하고 통하는 언어를 구사하기는 힘들다. 그런데 마음으로는 200% 이해하는 사이이기 때문에 한국으로 돌아와서 너무 스트레스받고 힘들었던 어느 날, 나는 오래 알던 200% 말이 통하는 한국 친구들 대신에 언어가 100% 통하지 않는 이본에게 다짜고짜 국제 전화를 해 짧은 영어로 하소연을 하기도 했었다.

내가 한국으로 돌아온 후에는 이본과 사브리나가 한국을 방문하여 내 방에서 지냈었다. 사실 손님, 특히 가족이나 친척이 아닌 남에게 내 방을 내어주는 것은 쉬운 일이 아니다. 나는 서글서글하니 모든 것을 시원하게 오픈하는 스타일은 아니기에 소셜미디어도 간혹 생존신고 및 기록의 의미로 하는 편인데, 나의 너저분한 집과 방을 스스럼없이 공개하고 내어주며 "그냥 후져도 여기서 지내고 돈 아껴"라고 부끄러움 없이 말할 수 있게 만들어준 이 친구들. 정말 마음으로 많이 감사한 일이다.

# 8
## 언어 1

 

 

나는 한국에서 태어나고, 이곳에서 교육받고 자란 한국인이다. 한국인에게 언제나 부담으로 다가오는 것은 영어인데 다행히도 영어에 대한 관심이 많은 편이라 학창시절에도 점수가 곧잘 나왔다. 중학교 때는 외고에 가고 싶어서 담임 선생님에게 상담도 했었는데 아직도 선생님의 단호함이 기억에 남는다. "너 이 성적으로 외고는 못 가~!"

계속적인 관심을 가지고 있다가 대학시절 1년간 다녀온 샌디에이고에서는 그곳까지 가서 한국인과 어울리는 것은 너무 큰 낭비라고 생각했고, 또 유난스레 한국인들과는 어울리고 싶지가 않아 외국인 친구들하고만 어울렸는데, 사실 거의 브로큰 영어로 더듬대며 어울린 일본인들이 대부분이었다. 지금 생각하면 어린 마음에 나름대로 결단력 있게 행동한 것 같지만, 지나고 보니 얼마나 편협한 사고방식을 가지고 행동했던 것인지 모른다. 지금도 제일가는 친구들은 그때는 알음알음 알다가 오히려 한국에 와서 더 끈끈해진 한국 친구들이다.

샌디에이고는 사실 미국인들이 꿈꾸는 은퇴 후 살고 싶은 파라다이스라고 불릴 만큼 햇살 가득한 캘리포니아의 날씨와 끝없이 펼쳐진 바다가 어우러진 참 아름다운 곳이다. 마침 미국에서 오랫동안 방영해온 〈프렌즈〉라는 시트콤이 마지막 시즌을 한다고 미 전역이 떠들썩했다. 그 전에는 접할 기회가 없다가 샌디에이고에서 보게 된 〈프렌즈〉의 마지막 시즌에 마음이 뺏겨 그 이후로 열 번은 더 시즌 10까지 정주행한 것 같다. 심지어 2020년인 작년에도 넷플릭스를 통해 다시 한번 보았는데 여전히 재치 있고, 패션이나 에피소드 내용 등 여러 가지가 전혀 유행에 뒤떨어지지 않아 너무 재미있게 보았지만, 동시에 지금은 굉장히 민감해진 성별 관련 유머나, 동물 학대 톤의 내용이 아무렇지 않게 들어가 있어 적지 않게 놀라면서도, 사람들의 사고방식은 기대만큼 빠르지는 않아도 계속 끊임없이 변화하고 있다는 것을 깨닫게 되었다. 옛날에는 웃기기만 했던 내용에 새삼 깜짝깜짝 놀라는 나를 발견했기 때문이다. 아무튼, 이런저런 계기로 영어에 대한 관심이 더 커져, 한국에 와서 BBB(Before Babel Brigade)라고 하는 기관을 통해 자원봉사를 하기도 했다. 2002년 월드컵, 아시안 게임을 계기로 대한민국을 방문한 외국인들의 언어 불편을 해소하기 위한 통역 자원봉사 역할이었는데 그 이후에는 외국인이 생활에서 겪는 커뮤니케이션의 문제를 전화 통역을 통해 도와주는 것으로 진행되고 있다.

첫 회사에 들어가서도 계속적으로 영어에 대해서는 근거 없는 자신감이 있는 편이었고, 의외로 외국계 회사라고 해서 모두 영어를 쏼라쏼라 잘 하지는 않는다는 것을 알게 되었다. 같은 부서 선배님의 추천으로 참여하게 된 토스트마스터스 클럽을 통해 사람들과 어울리고, 해외에서 유학을 했거나, 살다 오신 분들의 언어 스킬과 유희를 보며 자극도 받았다. 그러다가 맡게 된 마케팅 프로그램을 통해 아시아 본사인 싱가포르에 정기적으로 보고를 했어야 했기에 더욱 영어 커뮤니케이션 능력의 필요성을 느끼면서도, 순간순간이 도전적이고 즐겁게 느껴졌다. 이런 즐거움과 무모함이 합쳐져, 들어본 적만 있고 큰 관심은 없던 싱가포르라는 나라로의 이직 제안에 대해 큰 고민을 할 필요도 없이 인터뷰를 시작하게 되었다. 충분한 조사와 전략 없이 의욕만 앞서서는 나와는 맞지 않는 포지션에 지원을 하기도 했고, 여러 번의 우여곡절 끝에 결국 싱가포르까지 가게 되었다. 출근 첫날 아침이 밝았다. 회사에 출근하는 길이 너무도 긴장되었다. 어떤 사람들이 어떻게 날 반겨줄까? 커뮤니케이션은 할 수 있을까? 어디에 앉아야 할까? 주위 동료들에게는 어떻게 소개를 해야 할까?

싱가포르에서의 첫 매니저는 미국 분이었는데 미국인 중에서도 굉장히 발음이 정확하고, 나를 배려해서였는지 말이 아주 빠르지는 않아 영어 듣기 시험을 보는 느낌으로 잘 알아들을 수 있었다. 계속 인터뷰를 전화, 화상으로 진행하다가 나의 출근 첫날, 그 리셉션 데스크 앞에서 서성거리다 나를 보고 두 팔 벌려 환영해주던 매니저의 모습이 아직도 생각이 난다.

첫날은 큰 무리 없이 쉽게 넘어갔고, 그다음 날은 매니저와 마주 앉아 앞으로의 업무 범위가 무엇인지, 어떻게 진행할 것인지 등에 대해 의논할 시간을 가졌다. 그냥 대화를 할 때는 이야기하는 것을 다 알아들었는데 막상 업무 이야기가 나오니 '그래서 뭘 어떻게 하라는 건데?'라는 생각이 들면서 포인트를 못 잡겠는 것이다. 한 시간여의 미팅이 끝나고 나오면서도 나는 계속 머릿속에 '그래서 뭘 해야 하는 거지? 어디서부터 시작하는 거지? 시작은 하라는 건가?' 등의 물음표가 계속 머릿속을 맴돌고 불안해지기 시작했다. 그 날이 목요일이었는데 나는 이미 마음속으로 그 주 토요일에 다시 짐을 싸서 돌아가야겠다고 진심으로 생각하고 있었다. 학생이면 말을 조금 못 알아듣고 실수를 하더라도 넘어갈 수 있는 부분이지만, 회사에서 업무적인 실수가 아닌 말 자체를 못 알아듣는 상태로 일하는 것은 무리가 있다고 생각했다. 금요일 저녁에 우연히 만나게 된 한국인분에게 고민 상담을 했더니, 매니저에게 미팅에 대해 내가 잘 이해를 했는지, 언급된 내용을 진행을 하면 되는 것인지 정리를 하는 요약 미팅을 요청하는 것이 어떠냐며 조언을 해주셨다.

다시 월요일 아침이 되어 한 주 동안의 업무 계획에 대해 이야기하다가 나는 조심스레 매니저에게 "오늘 미팅에 대해 내가 잘 알아들었는지 매주 금요일에 다시 캡쳐해주는 미팅을 십오 분만, 앞으로 석 달만 해주면 안될까?"라고 요청했다. 매니저는 흔쾌히 오케이를 외쳤고 그 석 달은 두 달 만에 마무리 지어졌다.

내가 미국 드라마를 많이 보고, 외국인 친구들과 농담 따먹기를 잘한다고 영어를 잘하는 것은 아니었다. 우리나라에서도 업무 이메일을 쓸 때 사용하는 언어의 스타일과 예의가 있듯 영어도 그러했다. 업무를 할 때 자주 사용하는 단어들, 표현들이 있었고 그것들에 익숙해지기까지는 시간이 걸렸다. 특히 싱가포르에서 나와 커뮤니케이션을 하는 모든 사람들이 우리 매니저처럼 천천히 명확하게 영어를 하는, 발음을 알아듣기 쉬운 미국인은 아니기에 굉장히 다양한 배경을 가진 사람들로부터의 언어에 익숙해지는 것에는 시간이 필요했다. 싱가포르 사람들도 영국식 영어를 배우기에 굉장히 딱 떨어지는 한 종류의 영어만을 사용하는 것 같지만 전혀 그렇지 않다. 외국인과 이야기를 할 때는 더욱 의식적으로 똑 떨어지는 영어를 사용하지만, 친구들끼리 이야기할 때는 만다린과 말레이가 섞인 싱글리쉬를 사용한다. 내가 외국인의 범주에 들어 있다가 언젠가부터 나에게 싱글리쉬를 마구 쓰는 친구들을 보며, 또 그것을 찰떡같이 알아듣는 나 스스로를 보며 그들이 마치 나를 이제 로컬로 인정해주는 느낌이라 한편으로는 기분이 좋기도 했다.

업무 초반에 매니저가 아시아 태평양 지역의 8개 나라와 해야 하는 회의가 있는데, 본인이 급한 일이 생겼다고 나보고 진행을 대신 하라고 했던 적이 있다. 업무 자체도 초반이라 익숙하지 않은데 8명의 각기 다른 발음을 가진 사람들을 접하기까지 나는 너무나 긴장되었고, 사십오 분짜리 콜을 오 분 만에 "알았으니 이메일로 보내줘. 오케이, 알았고 이메일 미"를 여러 번 외치며 급히 끝냈었던 아찔한 기억이 있다. 보통 언어가 편치 않은 상태에서 전화를 통해 목소리만 의존해서 이야기하는 것은 더욱 어렵다. 얼굴 표현이나 말을 하는 입 모양새, 대화의 분위기를 캐치할 수 없기 때문이다. 싱가포르에서 많은 사람들과 여러 라운드의 인터뷰를 하고, 많은 날은 하루에 8개씩 컨퍼런스 콜을 하고, 핸드폰 요금 때문에, 부가적으로 나온 세금에 대해, 은행 계좌의 문제 때문에 열심히 통화를 하다 보니 어느 순간 농담까지 하는 나를 보며 뿌듯하기도 한 시점이 왔다. 무엇보다도 초반 이삼 년 정도는 한국에 이 주 정도 방문후 싱가포르에 돌아와 동료들과 만나서 밥을 먹고 수다를 떨면, 영어로 대답을 하거나 반응을 하는 데에 머릿속이 느려져 마치 앱 로딩이 버벅대는 것처럼 응답시간이 오래 걸렸었다. 친구들도 내가 한국에 다녀올 때마다 그러는 것을 보고 신기하다고 했었다. 그 로딩되는 시간이 점점 줄고, 한국의 집보다 싱가포르 창이 공항에 도착할 때 집에 온 것 같은 안도감이 든 그 순간, 나는 진짜 그곳에 젖어 들고 있음을, 익숙해지고 있음을 실감할 수 있었다.

　지금은 다양한 발음을 찰떡같이 잘 알아듣는 편인데, 영어를

잘해서가 아니라 많이 접하다 보니 부담이 줄어들었고, 결국 언어
와 문화는 잘하고 못하고를 떠나 익숙해지는 것임을 다시 한번 느
낀다.

# 9
## 언어 2

앞에서 잠깐 언급했듯이 회사에는 연배와 연륜이 있는 분들이 많았다. 항상 많이 배울 수 있었고, 잘 이끌어주셔서 든든했지만, 동시에 또래 친구들을 만나고 싶은 마음도 컸다. 기회가 많이 닿지 않던 와중에 미국 출신의 또래 남자 직원이 우리 부서에 합류하게 되었다. 친해지고 싶었는데 업무적으로는 직접적으로 엮일 일도 없고, 싱가포르 생활 기간 초반의 나는 낯을 가리고 수줍은 편이라 쉽지 않았다.

그러던 어느 주말, 이스트 코스트 파크(East Coast Park)에 자전거를 타러 갔다. 한참을 타고 돌아오는 길에 너무 힘이 들어 자전거를 질질 끌고 땀을 삘삘 흘리며 걸어오고 있는데 그 친구가 눈앞에 나타났다. 서로 반갑게 인사를 하고 안부를 묻고 서로의 좋은 주말을 바라며 헤어졌다.

그다음 주가 되어 회식 아닌 회식이 있었다. 싱가포르의 회식이라 함은 부서 사람들끼리 다섯 시에서 일곱 시까지 간단하게 한잔하고 각자 가족들과의 저녁 식사를 위해 헤어지는 정도이다. 어색하게 띄엄띄엄 한 잔씩 마시고 있는데 그 친구가 저쪽에 서 있었다. 문득, 다가가서 지난주 만남에 대해 이야기하면서 '친해져야겠다.' 생각을 하며 앞에 있는 독주를 원샷하는 나를 발견했다. 술을 마시며 용기를 내려는 나 자신을 보며 혼란스러웠다. 저 친구가 좋아서 고백을 하려는 게 아니라 그냥 일상적인 스몰 토크를 하려는 건데 마치 프로포즈를 앞두기라도 한 듯, 알코올의 힘을 빌리는 용기까지 필요한 나를 보며 '이건 아니지'라는 생각이 들었다.

아무래도 한국에는 네트워킹, 소셜라이징이라고 하는 사교 문화가 보편적이지 않기 때문에 식당 안, 옆 테이블에서만 말을 걸어도 경계의 눈으로 본다. 남들과 하는 시간 때우기나 실없는 이야기가 필요 없다는 생각이 들기도 하지만, 외국 생활에서는 필수이다. 그래서 아이스 브레이킹(Ice Breaking)* 이라는 말도 있는 것일 테다.

그날 현실 자각을 한 이후 더 이상은 한국이 아닌 곳에 살면서 이런 소극적이고 어색한 태도는 말이 안 된다고 생각하여 그 해의 새로운 목표를 세웠다.

'새로운 100명의 사람을 만나 내 소개를 하자!'

---

\* 얼음을 깨듯 어색한 첫 만남을 깨고 소개를 하며 알아가는 세션

그 전까지만 해도 나는 사람을 만남에 있어 상당히 의미를 부여하는 편이었기 때문에 더 낯을 가리는 경우가 있었는데, 이번만큼은 친구가 되면 좋지만 그렇지 않더라도 좋고, 의미를 두거나 그런 깊은 생각 없이 정말 새로운 사람에게 다가가는 연습을 하기 위함이었다.

나는 출근하면서 초반에는 'how are you?'에 대한 대답을 항상 진지하게 해왔다. 정말 매일매일 나의 기분의 다름을 이야기했다. 그냥 무조건 긍정적으로 굿, 좋다고 하면 된다는 것을 깨닫기 전까지, 묻는 이들은 정작 나의 하루하루의 기분이 어떤지는 큰 관심이 없다는 것을 알기까지는. 그러다 보니 그 대답을 하는 것이 좋지 않음에도 항상 '오늘도 너무 좋아'라고 거짓말을 해야만 할 것 같은 부담으로 다가와서, 저 멀리 누군가가 나를 보고 인사하러 다가오면 급히 얼굴을 모니터에 묻어 바쁜 척을 했었다. 어느 날 내 옆자리에 앉던 영국인 동료가 싱가포르에 사는 외국인들의 모임이 있는데 함께 가자고 제안했다. 그때만 해도 나는 졸보여서 이 핑계 저 핑계를 대며 거절했었다. 결국 이 동료는 그 날 만난 여성분과 결혼까지 했다.

아무튼, 새로운 100명을 만나기 위해 나는 그때 동료가 알려주었던 그 모임에 참석해보기로 했다. 처음 동료가 초대해주었을 때는 총 모인 사람이 8명이라고 했었는데, 어느새 공식 모임은 500명을 넘어가고 있는 상황이었다. 한 달에 한두 번 아예 라운지나 펍을 통으로 빌려서 싱가포르에 살고 있는 외국인들, 또는 글로벌 마인드를 가진 사람들끼리 모여 교류를 하는 모임인데, 집 떠나온 같은 처지의 외국인 노동자들과 오픈 마인드의 로컬들이 모이는 것이라 취지가 좋았다. 드라마를 보다 보면 혼자 멋지게 바에 기대어 서성이고 있으면 막 사람들이 다가와서 말을 걸고, 술을 사주고 재미나게 이야기한다. 그러나 현실은 다르다. 내가 전지현이 아닌 이상 항상 먼저 다가가야 하는데 그게 쉽지가 않다. 그렇게 남들과 말도 잘 섞고, 지금 막 만나서 세상 가장 친한 친구처럼 대화가 가능한 나라에서 온 친구들도 종종 동공이 흔들리며 어색해하는 경우도 눈에 보일 때가 많았기에, 누구에게나 낯선 사람에게 말을 걸고 대화를 이끌어 나가는 것은 어려운 것이라 다시 한번 느낄 수 있었다.

나의 새해 목표를 위해, 나는 어색하지만 안 어색한 척, 용기를 내어 사람들에게 말을 걸기 시작했다. 물론 같은 레퍼토리로 소개하다가 정말 클릭이 되어 이야기가 길어지고 재미 있는 경우도 있고, 아무것도 모르고 말을 걸었다가 아차! 싶어 얼른 어떻게 다른 곳으로 자리를 옮기나 고민하게 되는 경우도 있었다.

매년 말마다 계획하는 살 빼기, 새로운 무언가를 배우기, 운동하기, 이직하기 등의 목표들은 아쉽지만 단 한 번도 지켜본 적이 없던 내가, 새로운 100명을 만나기라는 목표만큼은 달성하는 데 성공하였다. 새로운 공간에서 새로운 사람들과 어울리지 못하고, 어색해하는 나 스스로의 모습을 더 이상은 견디기 싫었기 때문이었을것이다.

한국에 와서 싱가포르에서는 참석만 하던 모임을 주최해보기로 했다. 한 번은 크리스마스 연휴 바로 직전 동네 슈퍼마켓에서 장을 보는데, 어떤 외국인 한 명이 맥주 두세 병과 간식거리를 구입하는 모습을 보았다. 순간 우리 집에 데려가서 따뜻한 밥이라도 한 끼 먹이고 싶을 만큼의 안쓰러움이 느껴졌다. 왜냐하면 나의 싱가포르에서의 생활이 생각났기 때문이다. 외국에서 생활하다 보면 정말 심적으로 외로울 때가 많다. 명절에 현지인들은 그들의 가족들과 모임이 있고, 그 외에 본국에 돌아가는 사람들 등 여러 가지 이유로 인해 원치 않게 명절을 혼자 보내게 되는 경우가 있는데, 그 뼛속까지 사무치는 외로움을 겪어 보았기에 크리스마스를 맥주와 간식으로 달래려 보이는 그 외국인에게 계속 눈길이 갔다. 물론 보이는 대로만 생각한 지극히 나의 개인적인 생각이다. 그는 아주 즐겁고 화려한 파티 중에 잠깐 술과 간식이 모자라 사러 나왔을 수도 있다. 그래서 한국에 와 있는 외국인들에게는 덜 외롭고, 함께이기에 즐거울 수도 있는 한국 생활을 경험할 수 있는 기회를 주고 싶었다.

한 달에 한 번씩 진행되는 100명씩 참석하는 모임은 아무래도 능력 밖이고, 모임을 준비하는 과정에서의 스트레스가 즐거움을 넘어서면 안 될 것 같다는 생각이 들어 2015년 말부터 현재까지 매달 꾸준히 15명씩 덜 관광지 같은 곳을 탐색하여 맛있는 식사와 음료를 하고, 한국살이에서 느끼는 어려움, 좋은 점, 문화 등등을 공유하며 소소하게 네트워킹하는 식으로 진행하고 있다. 아무래도 내가 준비하는 모임이다 보니 내가 어색하다고 쭈뼛쭈뼛 앉아 멍하니 새로운 사람들을 보고만 있을 수는 없다. 큰 모임에서 생기는 어색함이나 흔들리는 동공을 많이 보고 느껴 왔기에 적어도 새로 오는 사람들은 반갑게 맞이하고, 이젠 너무 익숙하게 나의 소개를 하며, 새로 온 참석자들을 다른 사람들에게 소개하고 공통점이 있으면 대화를 연결해주려고 노력하고 있다.

# 10
## 싱글리쉬

싱글리쉬. 싱가포르와 영어의 잉글리쉬가 합쳐진 말이다. 싱가포르인들이 하는 영국식 영어에, 그들만의 독특한 악센트가 들어가면서 싱글리쉬라고 부르게 되었다. 다른 에피소드에서도 여러 번 언급했지만, 처음 싱글리쉬를 들으면, 더구나 악센트 센 사람의 싱글리쉬를 들으면 절대 영어라고 생각할 수 없는 발음이 들린다. 그나마 내가 일하던 곳은 글로벌 회사였기에 싱가포르 현지인뿐만 아니라 굉장히 다양한 국적의 사람들이 있었고, 이는 어찌 보면 나에게 운이 좋게 다양한 발음에 많이 노출되고 익숙해질 수 있었던 기회가 된 것 같다.

재미있는 것은, 싱가포르 사람이 외국인에게 사용하는 더 표준적 영어와 현지인들끼리 또는 더욱 친한 사이끼리 사용하는 영어가 굉장히 다르다는 것이다. 싱가포르는 1946년부터 1963년까지 영국

령으로 식민지였고, 그 이전에는 해협식민지라고 하여 무려 100년 이상 동안 영국의 지배를 받았었는데, 그때 자리 잡은 영국식 교육이나 영어, 문화 등을 아직도 볼 수 있다. 싱가포르 친구들은 주로 더 공부하기 위해 유학을 가는 나라로 영국과 호주를 꼽는데 아무래도 과거로부터 배워온 익숙함에서 그런 것 같다. 우리나라가 미국을 꼽는 것과 일맥상통하다. (우리나라는 전쟁 후, 그리고 어릴 때부터 서양 = 미국의 공식을 가지고 학교에서도 미국식 영어를 배운다.) 그렇게 공부를 하고 온 친구들은 칼 같은 영국식, 또는 호주식 발음을 사용하기도 하지만, 그마저 본인 가족이나 친구들과 커뮤니케이션할 때는 180도 변한다.

싱가포르에서는 우리의 아주머니, 아저씨 같은 단어가 안띠(auntie), 엉끌(uncle)이다. 사람들이 식당에서 '이모님! 김치 더 주세요!' 하는 것처럼 아주머니를 부르는 보편화 된 단어가 안띠이다. 택시를 타면 기사님이 계시는데 그런 운전 기사님, 에어컨을 관리해 주시는 기사님 등은 다 엉끌로 통일이다.

택시를 타면 '캔(Can)'이라는 단어 하나로 모든 대화를 할 수 있는데 이는 싱글리쉬에서 온 간추린 은어 식의 대화라고 할 수 있다. 가령 아래와 같은 식인데 이 모든 Can의 성조가 다 다르고, 이에 따라 의미가 달라지니 참으로 신기하면서도 재미있는, 현지인이 아니라면 정말 알아듣기 힘든 대화이다.


손님    Orchard can? (오차드 가요?)

엉끌    Can. (가요)

손님    Can? (정말 가요?)

엉끌    Can can.(네, 가요.) 또는 Cannot. (아니오, 못가요.)


    싱가포르 사람들은 이야기할 때 끝에 거의 대부분 'Lah'를 붙인다. 'Ok'도 'Ok lah'라고 이야기하는데 오래된 버릇과 같은 그들만의 의성어이다. Lah가 가장 대표적이라 외국인들은 우스개로 싱글리쉬를 표현하며 끝마다 무조건 Lah를 붙이는데, 이게 또 Lah만 있는 것이 아니다. 붙이는 의성어에 따라, 성조에 따라 다른 뜻이 되어버리니 정말 미치고 팔짝 뛸 노릇이다.

    예를 들어 'Ok lah'와 'Ok leh'는 엄연히 다른 뜻이다. 'Ok lah'는 'Yes', 'Ok leh'는 'Of course'를 뜻하니 말이다. 문장의 끝에 어떤 의성어를 붙이냐에 따라 아래와 같이 다양한 표현이 가능하다.


Can ah? = Can you or can't you?

Can lah = yes

Can leh = yes of course

Can lor = yes I think so

Can hah = are you sure

Can hor = You are sure then…

Can meh? = Are you certain?

얼마 전에 북한 병사와 남한 재벌 딸의 사랑 이야기를 담은 드라마가 인기리에 방영되었다. 주인공들의 외모 때문인지, 남북한의 범접할 수 없는 신비로운 영역과 관계에 대한 호기심 때문인지, 넷플릭스의 영향 때문인지, 싱가포르에서는 한국에서보다 더욱 붐을 일으키며 거의 내가 아는 모든 싱가포르 사람들이 그 드라마에 대해 나에게 묻고 이야기했다. 심지어 한 친구는 서로 사랑하는 남녀 주인공이 애달파하며 대화하는 것을 싱글리쉬로 패러디한 비디오를 보내줬었다. 싱가포르의 써킷 브레이커(Circuit Breaker)*로 인해 당분간 만날 수 없고, 버블티 집이 문을 닫아 그 흔한 버블티조차 함께 마실 수 없는 남녀 주인공으로 대사를 패러디한 것이어서 박장대소하면서 웃었는데, 이것을 친구들이나 부모님께 보여주며 영어라고 했더니 "이게 영어라고?" 하며 웃는 나를 보고 다들 어리둥절한 표정을 지었다.

말레이, 싱가포르, 인도 사람들이 주를 이루는 싱가포르에서는 문화뿐만 아니라, 언어 자체 또한 굉장히 버무려져 있어 익숙하지 않다면 정말 놀랄 일이 많을 것이다. 우리나라에서 소위 은어라고

---

* 주식 시장에서의 급등이나 급락을 방지하기 위해 모든 주식 거래 중지, 코로나가 확산되며 초창기에 싱가포르는 모든 것을 중단했었다.

하는 것들이 여기는 만다린, 말레이, 타밀어까지 섞여 만들어지기에 내가 나름 익숙해졌다고 생각할 때 즈음, 다시 한번 그들의 대화를 들으며 스스로 외계인 같다고 생각할 때가 종종 있다. 소위 멜팅 팟 (Melting Pot)이라 불리는 싱가포르. 그들의 언어 또한 다양한 역사, 문화와 인종이 섞인, 말 그대로 여러 가지 재료가 버무려져 끓고 있는 큰 솥과 같다.

# 11
## 시간

    나에게 시간 약속이란 타임라인, 지켜야 하는 그 무언가이다. 꽉 막혔다, 융통성이 없다 하면 나도 할 말은 없는데, 예전에 비해 많은 '인터내셔널'한 경험을 하면서 스스로 유연해지려고, 아니 의연해지려고 노력하는 편이지만 그래도 시간은 지켜야 하는 것으로 생각한다. 사정은 누구에게나 생길 수 있고, 못 지키면 못 지킨다고 이야기만 해주면 된다.

    내가 싱가포르에서 생활하면서 가장 힘들었던 점 중 하나는 시간관념에 대한 자세이다.

    한 번은 7시에 8명이 함께 저녁을 먹기로 한 적이 있었다. 한두 명이 늦으면 이해라도 하지 나를 제외한 모두는 7시 30분이 되어서야 하나둘씩 나타나기 시작했고, 그곳은 꽤나 인기가 있어 가끔 줄을 서더라도 그것을 감수할 만한 라멘집이었기에 나는 그때까지 그 큰 테이블에 줄 선 사람들과 식당 직원들의 눈총을 받으며 홀로 앉아 있었다. 이런 굉장히 기본적인 부분이 지켜지지 않아 화가 많이 나고 항상 짜증을 달고 살았던 것 같다.

그런데 늦은 것에 대해 '야 너 왜 이렇게 늦었어~'라고 하면 스스로가 굉장히 빡빡한 사람으로 보일 것 같았고, 그렇다고 대~충 늦게 와서 쿨~ 하게 엉겨 놀다가 이중으로 잡은 약속 때문에 먼저 가봐야 한다는 사람들을 보고 이해하기란 쉽지 않았다. 심지어 한때 만났던 남자친구는 기본 40분 지각에 심지어 미안하다는 말을 하기 싫어하는 타입이었다. 되게 많이 번번이 싸웠었는데, 비슷한 라이프 스타일을 가진 사람들을 만나면 굳이 벌어지지 않을 불편한 장면들이, 아무래도 다양한 사람들이 모여 있는 곳이다 보니 항상 피해질 수는 없었던 모양이다.

굉장히 친한 싱가포리언 친구가 있다. 알고 지내기 시작한 초반에 이 친구 때문에 내가 크게 한 번 울었던 적이 있다. 낮에 우리집에서 같이 점심을 먹기로 약속을 하고, 친구는 11시 반에 온다고 연락을 했다. 나는 미리 한국 마트에 가서 식재료를 사다가 떡볶이와 계란찜을 해줄 요량으로 친구가 오면 휘리릭 끓여 바로 먹을 수 있도록 미리 어느 정도의 반조리로 음식 준비를 해두었다. 11시 30분이 되었는데 친구에게 연락이 와서 조금 늦을 것 같다고 했다. 12시까지 꼭 온다고 해서 기다렸다. 그 12시가 1시, 1시 40분, 2시, 3시, 결국 4시가 되어 친구가 연락해 정말 미안하다고 생각하지 못한 미팅이 잡혀 이제 출발한다고 했다. 나는 너무 화가 나고, 아니 화가 났다는 단어는 귀엽다. 정말 분노에 휩싸인 채 서러워서 그녀의 이야기를 들으며 "알았어, 알았어…"만 하다가 정말 울음을 꾹 참고 힘들게 "저기, 그냥 안 와도 될 것 같아. 음식은 이미 다 식었고 이 기분으로 너의 얼굴을 봐도 같이 즐겁게 시간을 보내지는 못할 것 같아. 그리고 나 저녁에 나가봐야 하니 그냥 다음에 보자"라고 말했다.

친구는 심상치 않음을 느꼈는지 "아니야 제발 가게 해줘, 아무것도 안 먹어도 돼, 같이 TV만 봐도 돼, 너 저녁에 나가는 것 내가 운전해서 약속장소까지라도 제발 데려다줄게, 제발 가게 해줘, 지금 간다." 그러고는 전화를 끊었다. 전화를 끊고 나는 정말 엉엉 울었다. 그때는 이미 친구가 늦어서 화가 난 감정 때문이라기보다는 원래의 나였다면, 내 가족과 친구들이 있는 한국에서였다면 아예 이런 애들은 다 끊어내고 만날 생각도 안 했을 일인데, 이곳 생활은 너무도 외로워서 이런 애들이랑 조차라도 친구를 해야 하기에, 하고 싶었기에 참아야 된다는 사실이 너무 서글펐던 것 같다.

이 친구는 나중에 엄청 미안해하며 사과를 했고 그 못된 버릇을 나의 눈물로 고쳤다. 그다음 번 만남이 마침 나의 생일 파티였었는데, 생전 처음으로 문도 아직 열지 않은 약속장소 앞에서 혼자 서성이며 미리 나를 기다리고 있었다. 이 친구는 지금은 둘도 없는 친구가 되었고, 저렇게 내가 운 날 이후로 단 한 번도 나를 기다리게 한 적이 없다.

친구들과의 모임이나 다양한 네트워킹을 통해 지금은 나도 조금 더 여유롭게, 부드럽게 이런 부분을 넘어가려고 한다. 내가 원하는 것은 온다, 못 온다, 늦어진다, 급한 일이 생겨서 취소해야 한다, 등 알려만 달라는 것인데 여전히 세상의 많은 사람들에게 이런 요구는 당연하지 않은, 너무 빡빡하고 엄격한 규율이라고들 한다. 소위 난 쿨하지 못한 사람인가보다. 그래도 나는 시간 약속은 매너라고 생각하고 적어도 이 사회의 작은 구성원으로 누군가와 함께해야 한다면, 이 정도는 기준이 맞는 사람들과 주로 어울리고 싶은 작은 소망이 있다.

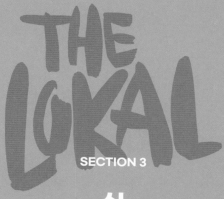

**SECTION 3**

싱
가
포
르
생
활

# 12
## 서비스 마인드

    싱가포르의 위치 및 역할(비즈니스 허브)상 아무래도 출장이나 여행을 갈 일이 빈번하니 적어도 한 달에 두세 번은 공항에 드나들게 되는데, 특히 한국 항공사의 스튜어디스들이 단체로 움직일 때마다 그 모습을 사진 찍거나 심지어 쫓아다니는 사람들까지 종종 본 적이 있다. 그들의 유니폼과 외모에서 오는 아름다움도 있을 테지만, 무엇보다도 한국 항공사가 유명한 것은 아름다운 미소와 그에 상응하는 상큼하고 친절한 서비스 때문일 것이다.

    늘 한국 국적기를 타다가 외국 항공을 처음 탔을 때의 충격을 잊을 수가 없다. 무뚝뚝한, 심지어는 화가 나 보이는 얼굴로 기내식이나 음료를 주고, 친절한 느낌이 안 드는 친절을 베풀 때는 약간 무섭기까지 했었다. 이렇게 한국인 입맛에 딱 맞는 서비스를 체험하다가 느끼는 다른 나라에서의 경험은 정말 그 차이가 어마어마

하다. 나의 기준을 이만큼 올려놓은, 가끔씩은 과하다 생각이 들 때도 있는 한국 특유의 발 빠른 친절함이 이유가 되겠지만, 그 외에도 일을 처리하는 빠릿빠릿한 속도나 융통성 같은 한국인으로서 한국인의 업무 능력을 인정하게 되는 부분 때문이 아닐까 싶다. 이런 부분은 사실 회사 생활을 하면서도 많이 경험했다. 말 그대로 기준이 높기 때문에 그에 부응하기 위해 스피드, 책임감, 성실함에 있어서는 타의 추종을 불허한다. 물론 개개인의 성향과도 연관이 있어 모든 한국인이 그렇다는 것은 아니다. 아무튼 이런 일 처리나 서비스 질에 기준이 맞춰져 있다가 경험하는 싱가포르의 서비스는 과히 충격이었다.

싱가포르는 관광으로 굉장히 유명하고 다국적 인종이 어우러져 있는 다양성이 있는 나라이기에 국제적인 수준의 감각을 갖춘 서비스가 따라올 것으로 생각하지만 그에 부응하는 서비스의 질이 훌륭하다고는 볼 수 없다. 사실 '훌륭'이라는 단어를 떠나서 기본적으로 충격적일 만큼 그 기준이 낮다. 위에 언급한 다양하고 급변하는 환경에 따라 더 세련되어져 가는 서비스가 아니라, 그냥 말 그대로 급변하여 퀄리티 유지가 안 된다고 생각하면 쉬울 것 같다.

나는 B사의 민트 초콜릿칩 아이스크림을 좋아하는데 이 브랜드는 그 당시에 싱가포르에 없었다가 한국에 비해서는 아주 뒤늦게 매장을 오픈하기 시작했다. 너무 신나서 퇴근 후 부기스 정션(Bugis Junction)이라는 유명한 몰에 들렀다. 두세 개의 몰과 백화점이 연결되어 있는 구조인데, 중간중간에는 야외 매장들로 이어진 곳들도 있었다. 아이스크림 매장은 외부로 이어져 있는 야외 거리에 있었다. 나는 집에 가져가서 두고 먹을 생각으로 민트 초콜릿칩 아이스크림을 쿼터 사이즈로 주문했다. 아이스크림을 떠놓고 동료와 폰을 들고 잡담하기에 나의 눈은 물음표를 달고 계속 실온에 덩그러니 놓여 있는 아이스크림에 멈추어 있었다. 직원은 아이스크림을 쿼터컵에 담아 뚜껑을 닫으며 가격을 알려주었다. 다시 말하지만 이곳은 외부에 있는 매장이고, 기본 싱가포르의 기온은 평균이 33~35도이다.

나는 "쇼핑백에 드라이 아이스는 없니?"라고 물었더니 그런 것들은 없다면서 얇은 은박봉투 하나를 가지고 왔다. 거기에 둘둘 말은 아이스크림을 또 그대로 내미는 것이었다.

나      이거 포장해 갈 것이고 20분 정도 걸리는데 안에 드라이아이스라도 넣어주면 안될까?

직원    그런 거 없는데?

나      응? (화가 나기 시작하지만 참음) 그럼 이 자체를 쇼핑백에라도 넣어줄래? 이대로 손으로 감싸 쥐고 가면 당연히 다 녹잖아.

직원    Shit.

나      지금 뭐라고 했어? (피가 거꾸로 솟기 시작) 그리고 손님을 대할 때는 씹던 껌은 좀 뱉을래?

**직원**  들어가서 다른 사람이 쓰다 구겨놓은 검정 봉다리를 뒤적이
며 계속 욕지거리를 해댐.

**나**  니가 말하는 거 다 들리거든? 매니저 없어? 네 매니저랑 이야
기 하고 싶어. 너무 기본적인 서비스 교육이 안 되어 있는 것
같아.

그 후, 정말 거짓말 같겠지만 카운터 너머로 주먹이 날아왔다.
뒤에서 같이 잡담을 하던 알바생들이 그의 양팔을 잡고 말리지 않
았더라면 난 정말로 아이스크림 사다가 주먹으로 맞은 사람이 되었
을 것이다. 그 순간이 아직도 꽤나 충격적으로 뇌리에 남아 있는데
이 이야기를 친구들에게 하면 '에이 설마~' 하면서 믿지 않았다.

또 한 번은 엄마가 싱가포르에 오셨다가 한국으로 돌아가는 날
이었다. 시간이 여유롭게 남아 공항에 있는 '커피콩'이라는 카페에
서 커피를 주문하고 기다렸다. 손님은 우리 포함 세 테이블 정도 있
었고, 다들 음료를 이미 마시고 있는 상황이었다. 15~20분이 흘렀
는데도 주문한 커피 두 잔이 나오지 않고 있었다. 이미 많이 겪어서
꽤나 이골이 나 있는 상황이었지만, 우리는 이미 돈을 내었고, 얼른
커피를 마시고 싶었을 뿐이고, 따로 밀려 있는 주문은 없는 듯했다.
나는 카운터로 가서 "커피 아직 안 나오니?" 물었더니 "응 곧 나와
~"라며 다시 카운터 안에 있는 두 명과 함께 핸드폰을 들여다보며
잡담…. 또 참을성을 가지고 10분 정도 기다리다가 다시 가서 웃으

면서 "커피 오늘 안에는 나오는 거 맞지?"라고 했더니 그때야 만들기 시작하여 내놓으며, 냅킨을 내 앞으로 던졌다. 즐거운 수다 시간을 방해받았다고 생각해서 그랬는지 모르겠지만 그 광경을 본 엄마도 충격에 말을 잇지 못하였다. 위의 상황은 정말 7년 넘게 겪었던 꽤나 많은 사건 중에 한두 개일 뿐이다. 싱가포르 친구들에게 이야기했더니 기본적으로 다른 나라에서 넘어와 일하는 어린 친구들이 그런 경우가 많다고 하는데, 나는 국적에 상관없이 그런 상상할 수 없는 상황이 벌어지는 자체가 너무 놀라운 동시에 나 자신을 돌아보게 되었다. 기본적으로 나는 불편한 이야기를 잘 못 하는 편이라 손해를 볼 때도 많다. 똑소리 나게 따박따박 따지고 챙기는 스타일은 못 된다는 말이다. 그런 내가 저런 상황들을 불편해하고 꼬집어 이야기한 것은 정말 용기를 가지고 참을 수 없기에 그랬던 것인데 돌아오는 결과는 '미안합니다'가 아닌 쇠귀에 경 읽기였다.

훌륭한 서비스를 기대하고 싶으면 그만큼 비싼 곳으로 가라고 말할 수 있을 것이다. 여기에서 말하고 싶은 것은 평균치이다. 한국에서는 3,000원짜리 떡볶이를 트럭에서 먹어도 친절하고 따뜻한 곳이 있고, 8,000원짜리 국밥집을 가도 친절한 곳이 있고, 별 5개 호텔에 가면 말할 것 없이 싹싹하고 기분 좋은 서비스를 누릴 수 있다. 싱가포르에서도 2불짜리 국수를 파는 호커센터에서, 또는 특급 호텔에서 누릴 수 있는 서비스가 각각 있을 수 있겠지만 말 그대로 어디를 가도 그리 훌륭하고 따뜻한 서비스를 맛보기는 평균적으로 힘들다는 이야기이다.

지금은 서비스의 질이 개선되었을지, 더 악화되었을지는 잘 모르겠지만 해외로부터 유입되는 저렴한 노동력들로 인해 크게 나아졌을 거라 생각하지 않으며, 감히 후자에 투표를 해본다. 가끔은 한국의 입맛에 딱 맞춘 세심한 서비스가 사람들의 기준이 되어 그보다 못한 경우를 볼 때 만족하기 힘들게 된 것인가 생각해보다가도 'back to the basic(초심으로 돌아가자.)', 그래도 안녕하세요, 고맙습니다 등의 유치원에서 배운 기본은 갖춰야 한다고 생각하는데, 한국에도 꼭 서비스업이 아니더라도 생각해보면 그 기본이 없는 사람들은 많으니까.

# 13
## 풀라우빈

싱가포르의 날씨는 매일 오락가락한다. 하루에 한 번은 하늘에 구멍이 뚫린 듯이 천둥번개를 동반한 비가 오는데, 문제는 그게 언제 올지 몰라 야외 활동 타이밍을 맞추기가 쉽지 않다는 것이다.

풀라우빈 피크닉을 계획했다가 당일 아침 먹구름이 몰려와 취소한 적이 여러 번이다. 이번에도 당일 전날 비가 양동이로 물 퍼붓듯이 와서 살짝 걱정을 했으나 당일 아침, 거짓말을 한 듯 화창한 날씨가 하루의 시작을 반긴다.

싱가포르는 열대 나라이기에 이곳에서 살기 전에는 매일 야자수와 햇빛, 그리고 파란 하늘만 볼 수 있을 줄 알았다. 그러나 오히려 파란 하늘과 하얀 구름을 보는 날은 365일 중 65일 정도 될까 말까인 것 같다. 기본적으로 하루에 한 번은 미친 듯이 온몸을 감싸는 습기에 이어 천둥비가 오니 말이다.

싱가포르 동쪽의 창이(Changi)페리 터미널에서 왕복 5불 정도의 가격으로 10~12명이 모여야 탈 수 있는 작은 통통배를 타고 약 10~15분 정도 가면, 싱가포르의 현대적이고 도시적인 모습과는 정반대의 열대우림 섬인 풀라우빈(Pulau Ubin)이 보인다. 풀라우빈은 말레이어로 'Granite Island(화강암 섬)'를 뜻한 명칭인데, 이곳은 한때 1960년대 지역 정착민들의 삶의 원천이기도 했었다. 그냥 우빈(Ubin)이라고도 불리는 이 섬은 싱가포르 영역에서 느낄 수 있는 마지막 시골 지방의 자연의 모습을 볼 수 있는 색다른 곳이다. 멋진 빌딩 숲의 스카이라인을 뒤로하고 나타난 이 원시적이고 때 묻지 않은 작은 섬에는 원숭이와 야생 멧돼지, 망고 나무, 두리안 나무와 각종 열대 식물들이 빽빽하게 섬을 이루고 있다. 배에서 내리면 우리를 맞아주는 풀라우빈 입구의 환영 표지판을 시작으로, 입구에 위치한 몇몇 로컬 커피숍과 식당, 그리고 자전거를 빌려주는 가게들이 공터 둘레로 줄지어 있다.

풀라우빈 선착장 입구

처음 폴라우빈에 갔을 때는 말 그대로 신선한 충격이었다. 화려한 도시를 자랑하는 도시 국가인 싱가포르가 다 허상이고 거짓말인 것처럼, 새롭고도 원시적인 자연의 세계가 눈앞에 나타난 것만 같았다. 위에 잠시 언급했듯 세련되거나 상업적인 것은 정말 거의 없으며, 몇몇 로컬 식당과 커피숍, 자전거 대여점과 호스텔 같아 보이는 작디작은 5층 미만의 호텔 한두 개가 전부이다.

트레킹을 하거나 자전거를 탈 수 있도록 길이 나 있는데, 걷기보다는 주로 자전거를 타는 사람들이 많다. 우선 도착해서 자전거를 대여하고, 섬을 구석구석 자전거로 다니다가 섬 입구로 돌아와서 현지식 음식을 먹거나 로컬 코피(kopi), 또는 티를 마신 후, 배를 타고 다시 돌아오는 코스이다.

한참을 자전거를 타고 오르막을 오르다 보면 상상하지 못했던 청아한 민트 빛의 Balai Quarry 호수가 나타난다. 버려진 화강암 채석장이 아쿠아블루색의 깊은 호수로 변신하여 그림 같은 경치를 자아낸다. 굉장히 덥고 습한 날씨에 자전거를 타는 것이 쉽지 않은데, 정말 힘들어서 시원한 물 한 모금 들이키며 숨을 고르고 싶을 때 즈음 다른 세계에 온 듯한 이 고요한 호수는 마음의 쉼터가 되어 준다.

또 다른 뷰 포인트 중 한 곳은 Chek Jawa Visitor Centre이다. 방문객 센터인데 1930년대에 휴양지로 이용하던 이곳의 벽난로를 복원하여 보존 건물로 지정되었다. 튜더 스타일(Tudor Style)*의 꽤나 아름다운 오두막집 정도로 보면 되겠다. 특히 오후 즈음에 도달할 수 있도록 루트를 짜서, 근처 전망대에 올라가서 보는 해 질 녘의 하늘은 싱가포르의 그것과는 다른 더욱 원시적이고 자연스러운 태초의 아름다움을 가지고 있다.

계속 자전거로 달리다 보면 제티(jetty, 방파제)가 나온다. 보통 싱가포르에서는 바다를 바라보면 유조선들이 많이 떠 있어 이들의 불빛 때문에 야경은 예쁘지만, 사실 바다에서 느낄 수 있는, 느끼고 싶은 확 트임을 기대하면 실망한다. 그러나 풀라우빈의 제티를 쭉 달리면 후덥지근함 속에서도 탁 트인 전경을 맛볼 수 있다.

달리다 보면 앞서 이야기한 것처럼 야생 멧돼지 가족도 만날 수 있고, 원숭이들이 즐비한 거리도 달릴 수 있다. 특히 원숭이 숲길을 달릴 때 굉장히 조심해야 하는 것이, 이 원숭이들은 상상하는 귀엽고 순한 아기 원숭이들이 아닌 크고 굶주린 야생 원숭이들이기에 간혹 구경한답시고 속도를 줄이거나 자전거에서 내려 두리번거릴 경우, 사람 위로 점프해 할퀴거나 소지품을 훔쳐갈 가능성이 있다.

열심히 땀 흘린 자 즐겨라!

다시 출발점으로 돌아와 간단한 해산물 요리나 로컬 커피, 티등을 즐기며 땀을 식힌다. 마침 같이 간 친구들이 아는 식당이라

---

*    15세기 말에서 16세기 말에 걸친 영국 후기 고딕 말기의 건축양식

예전 아궁이에 불 때던 시절과 같은
찻집의 예스러운 부엌

처음에 보았을 때는 꽤나 충격적이었던,
들기 쉽게 포장된 로컬 커피

주방까지 들어가 볼 수 있었
는데 정말 타임머신을 타고
과거로 돌아간 것 같았다.

우리나라로 치면 옛날 아
궁이 느낌인데 저 주둥이가
긴 주전자들은 주로 현지식
밀크티나 커피를 만들 때 사
용한다. 오징어 튀김, 새우, 삼
발(sambal)* 고구마 줄기 무침,
볶음밥까지 배불리 먹고, 마
지막으로 이날의 it Bag(잇 백)
인 음료 take away까지 완벽
하게 마무리한다. 커피 봉지
를 대롱대롱 들고 자전거까지
반납하면 그 뒷모습이 영락
없는 현지인이다.

*   인도네시아 스타일의 매콤한 칠리소스

오랜만의 나들이는 예상보다 더 즐거웠고 나의 기분을 재충전할 수 있는 시간이었다. 바람을 가르며 달리는 자전거 길 사이로 울창하게 들어선 카카오, 망고, 두리안 등의 열대 나무들, 줄지어 엄마를 따라다니는 아기 야생 멧돼지들, 오랜만에 보는 유조선 없는 탁트인 바다와 때마침 와준 너무 좋았던 적절한 햇살과 바람까지, 정말 좋은 날이다.

로컬 커피 한 잔 따빠오(take away)해서 자전거 반납을 위해

# 14

## 바탐, 두 번은 못 가겠다

2013년 8월

목, 금, 토, 일 연속 4일 휴일이라는데 6개월 전, 1년 전부터 이런 것을 미리미리 알아보고 계획을 짜서 싼 티켓을 구하기에는 나는 참 어리석다. 항상 '뭐가 어떻게 될지 모르는데'라고 생각하고 있기 때문인 것 같다.

몇 달 전부터 친구들끼리 '바탐 바탐 나 안 가봤어 바탐' 노래를 부르다가 마침 사브리나가 일정이 괜찮다고 하여 아침 일찍 하버프론트역 페리 터미널에서 만났다. 서로 못 본 지 한 달 정도 되었으려나? 은근히 수다를 떨 것들이 많아서 인터넷으로 구매해놓은 페리 표만 미리 받아들고 입 운동 시작.

새벽에 미친 듯이 바람이 불고 폭풍이 몰아쳐 방문이 쿵쿵거리고 화장실 문도 계속 쾅쾅 닫혀서 조금은 걱정을 했는데, 이렇게 변화무쌍하다가도 항상 언제 그랬냐는 듯이 맑아지는 싱가포르 날씨. 참으로 화창하다.

긴 주말의 끝이라고 사람들이 아주 바글바글하다. 페리는 하버 프론트와 타나메라 두 곳에서 떠나는데 같은 바탐이라고 해도 리조 트나 섬 위치에 따라 다른 선착장으로 들어가기 때문이라고 한다.

새벽의 폭풍을 비웃듯이 너무나 맑은 날씨다. 사실 싱가포르에 살면서 의외로 맑은 날씨를 볼 수 있는 날이 그리 많지는 않지만 요 즘이 딱 그렇다. 낮에는 목덜미에 불이 붙은 것처럼 뜨겁지만, 해가 지고 나면 바람이 살랑살랑 불기도 한다. Haze(연무)가 언제 왔었나 싶은 날씨이다. (1년에 두어 번씩 인도네시아에서 화전민들이 밭을 태우는 바람에 Haze, 즉 연무 같은 먼지가 불어오는데 우리나라의 미세먼지에 쾌쾌한 탄내가 포함된 듯하다.)

돌고 돌고 또 돌아도 참 작은 나라 싱가포르. 센토사 앞의 하 버프론트에서 출발한 배는 아직도 센토사를 돌고 돌아 싱가포르 가 이제야 저 멀리 보인다. 그냥 관광 겸 싱가포르 섬 한 바퀴를 도 는 느낌이다. 문득 시드니 전망대에서 보던 시티 뷰가 생각났다. 역 사가 길지 않은 나라들의 뷰는 대부분 빌딩 숲이라 비슷비슷한 것 같다. 하긴, 역사가 이들보다는 깊은 우리나라도 이보다 못하면 못 하지 않을까 싶기는 하다. 아름다운 한강 변이 너무 아까울 정도로 개성 없는 아파트만 빽빽하니 말이다.

바탐은 인도네시아의 한 도시로 싱가포르 남쪽에 위치하고 있 다. 휴양지로 유명한 빈탄 등 여러 섬이 모여 리아우 제도를 이룬다고 한다. 말레이인이 80% 이상의 비율로 주를 이루고 중국인, 그리고 소수의 토착 민족들도 살고 있다. 싱가포르와 가까우면서도 저렴한 노동력을 제공할 수 있기에 많은 싱가포르 기업이 바탐에 공장을 설립했다. 우리나라 사람들에게는 골프 치는 장소로 많이 알려져 있을 것이다. 사실 고대하여 방문한 바탐은 딱히 인상적인 것 없는 다른 동남아의 섬들과 비슷했다. 당일치기 나들이였기에 페리에서 내린 곳을 중심으로 여기저기 다녔다. 마침 하리라야 시즌이고, 60~70%의 인구가 무슬림 말레이인인 이곳의 곳곳은 많은 히잡들이 프로모션 가격으로 팔리고 있었다.

하리라야(Hari Raya)는 무슬림의 크리스마스, 설날과 같은 가장 큰 명절이다. 보통 라마단이라고 불리는 한 달의 금식을 끝내는 날이다. 인도네시아 인구의 87%가 무슬림이라고 한다. 하리라야 때는 가족, 친구, 친척들이 모여 우리나라의 설날이나 추석처럼 북적이는 축제를 보내기 때문에 민족 대이동이 일어난다.

배가 너무 고파서 가자마자 들린 곳은 A&W라는 패스트푸드점이다. 사브리나 말로는 중학교, 고등학교 때 엄청 인기 있던 패스트푸드점인데 지금은 싱가포르에 있던 지점은 다 철수하고 바탐에만 남아서 올 때마다 먹는 추억의 음식이라고 했다. 내가 초등학교 때인가 중학교 때 —한국에 맥도널드가 존재하기도 전에— 동네 쇼핑몰에 아메리카나라고 하는 거의 첫 햄버거집이 생겼었는데 그런 비슷한 느낌인가보다. 세련될 것 없는 퀄리티의 패스트푸드 세트였는데, 신기하게도 모든 메뉴에는 루트비어, 또는 루트비어에 아이스크림이 올라간 음료가 포함되어 있다. 나는 사브리나에게 한국에서는 중·고등학교 때 학교 앞에서 떡볶이를 컵에 파는 컵볶이를 먹는다며 설명해주었다.

나고야 힐 맞은편에 마사지숍이 몇 개 있다. 사브리나가 미리 예약해놓은 곳이 있다고 해서 두 시간에 단돈 40 싱가포르 달러에 마사지를 받았다. 싼 게 비지떡이라고 두 시간 동안 마사지를 받았는데 더 피곤한 것은 무엇인가…. 마사지사의 손놀림이 굉장히 어설프고 불편해서 우리는 서로 계속 아이콘택트를 하며 너무 웃음이 나, '이건 좀 아니지 않아?'라는 뜻의 장난 섞인 미소를 교환했다.

바탐에 오면 꼭 먹어봐야 한다는 음식이 또 있어서 'Ayam Penyet'이라는 메뉴를 시켰다. '아얌'이 인도네시아 말로 치킨인 것은 알고 있는데… 아까 패스트푸드점에서도 치킨 먹지 않았어?

거의 병아리 수준의, 크기가 아주 작은 치킨을 튀긴 것에 오이 한쪽, 나시고랭이 함께 나오는 메뉴이다. 해산물을 먹으러 섬에 온 건데 온종일 의도치 않게 치킨만 먹다 왔다. 바탐 물가가 싱가포르에 비해 워낙 싸기 때문에 싱가포르 사람들이 공산품을 많이 사다 나른다고 해서 비웃은 적이 있는데 자연스레 우리의 발길도 마트로 향했다. 친구는 리필용 손 비누부터 주방 세제 등등까지 온갖 공산품을 다 산다. 나는 마침 화장품 스킨이 떨어져서 하나 구매했다. 자주 왔다 갔다 하는 사람이라면 정말 무조건 공산품 쇼핑은 여기서 하고 싶을 정도로 가격이 거의 2분의 1에서 3분의 1 정도로 저렴하다. 다시 돌아오는 페리 안에서 입 운동을 계속하며 바탐은 싱가포르 때문에 존재하는 섬이라는 말에 어느 정도 수긍이 가기도 했다.

갈 때 혼자 탄 오륙십 대 정도의 아저씨들이 많아 물어보니 다들 숨겨둔 여자 친구들을 만나러 간다고 했다. 농담이 아니고 진짜로 진기한 광경이었는데, 아저씨들이 친구들과도 아니고 각각 혼자 띄엄띄엄 굉장히 많이 타고 있어 내 호기심을 사로잡았다. 여러 번 갈 곳은 아닌 듯하였고, 친구와도 우스갯소리로 '연봉 5배 더 주면 여기서 살 수 있을 것 같아?'라는 질문에 둘 다 'No'를 강력하게 외치고 깔깔거리며 하루 콧바람 쐬기를 마무리 지었다.

# 15
## 낭만 없는 도시 1위 싱가포르

2012년 12월

싱가포르에서 나를 포함하여 심리적으로 편안함을 갖지 못하는 사람들의 이유라 하면 싱가포르가 인위적이고, 역사가 짧고, 외로우며 지루한 곳이기 때문일 것이다.

대부분의 개발도상국이 그러하듯 겉은 번지르르하지만, 어느 순간 결핍된 감정적인 요소들이 드러날 때 '아, 모든 것이 부질없다' 하면서 잡생각이 들기 시작한다.

얼마 전 싱가포르가 낭만 없는 도시 1위에 오르는 기염을 토하였다. 페이스북의 많은 친구들이 열광했고, 그중 독일 친구 하나는 이렇게 짧은 문장 하나로 모든 것을 표현했다.

"It's officially documented. (드디어 공식적으로 발표가 되었군.)"

그래, 내가 이상한 게 아니었어. 얘네들이, 이 나라가 이상한 거였어.

당시 유명 일간 신문인 가디언의 기사에서는 싱가포리언들이 감정을 표현하는 것에 있어 부족함이 있다며 이는 과속도로 성장한 나라에 따라오는 현상이라고 말했다. 한 로컬은 이에 반박하듯 "각각의 문화는 모든 것을 각기 다르게 표현한다. 예를 들어 유럽의 시에스타(낮잠)나 삶의 질에 대해 논하는 것은 아시안들에게는 게으름을 이야기하는 것과 같다. 이와 같이 각각이 삶에 대해 다른 가치를 가지고 있는데 하나의 잣대로만은 판단할 수 없다"라고 이야기했다. 일리가 있다고 생각하면서도 큰 그림으로 보았을 때 emotionless, 감정·감성 없는 싱가포르라는 것에 동의한다.

계획에 의해 급성장한, 아시아이지만 아시아가 아닌 이곳. 휘황찬란한 중심가, 상업지구의 모습 뒤에 있는 서비스 비즈니스가 이 나라의 원동력이 되고, 위치적 이점으로 인해 여러 가지 문화가 섞일 수 있었다. 하지만 정서적으로 올곧이 자신들만의 것을 찾고 뿌리 내리기 힘든 부분이 있었을 것이라 생각한다. 우리는 어릴 때부터《먼 나라 이웃 나라》를 통해 세계사를 배우고, 국사와 지리를 배우고, 한국의 역사 속에서 예술과 글을 배우고, 사람을 배웠다. 물론 우리나라의 아쉬운 지리적인 요건 덕에 많은 역사적 어려움도 함께 배워왔다.

내가 싱가포르에서 느낀 것은 사람들이 생각보다 역사에 대해 무지하고 관심이 없다는 것이다. 아무래도 다민족이 섞여서 시작한 나라이기에 여러 가지 가치가 혼합되어 그렇다 하지만, 내가 만나본 90% 이상의 싱가포르 사람들은 역사라는 것에 큰 흥미를 못 느끼는 듯 보였다. 대부분의 동남아 국가가 그러하겠지만, 과거 일본의 식민지였었고 현재에도 일본의 다양한 문화가 뿌리 깊게 박혀 있다. 한 번은 택시를 탔는데 기사 엉끌이 클락키 근처에 현재 갤러리·콘도·전시장·오피스 등으로 쓰이는 알록달록한 건물을 지나며 "저 건물에 유령이 나오는 것 알아?"라고 이야기해준 적이 있다. 그곳은 일본이 싱가포르를 점령했을 당시에 경찰서가 있던 자리였는데 현지인들을 고문하고 죽여 바로 앞의 싱가포르 강에 던져버렸다고 했다. 그 이후로 저 자리에 오피스가 들어와도, 콘도로 바뀌어도, 귀신을 보았다는 사람들이 나와 계속적으로 용도가 바뀐다고 했다. 그 당시 내가 지낼 때에는 갤러리였는데 직접 가본 친구들의 말에 의하면, 건물 안에 들어가면 이 더운 싱가포르 날씨에 순간적으로 등줄기가 오싹하고 서늘한 기운이 돈다고 하여 내가 오히려 현지 친구들에게 이 이야기를 해준 적이 있다. 물론 진실은 아무도 모르고, 그 건물은 지금도 예쁜 색감을 자랑하며 많은 관광객들의 사진 속 배경이 되고 있다.

싱가포르에는 일본 식당이 정말 많고 사람들도 일식을 굉장히 좋아한다. 그 당시에는 날것을 잘 먹지 못해 회나 초밥을 즐기지 않왔던 나는 이해하기 힘들 정도로 일본 음식이나 '메이드 인 재팬' 물건에는 이미 프리미엄이 붙어 있었고, 그럼에도 사람들의 구매 의지는 참으로 강했다. 나는 다른 사람들과 단 한 번도 정치나 종교 등 민감한 주제를 얘기한 적이 없었는데, 어느 날 갑자기 궁금해져서 정말 절친한 친구에게 딱 한 번 물어본 적이 있다. "너네도 옛날에 식민지였는데 어쩜 이렇게 일본을 좋아해?" 그의 답변은 나에게 꽤나 충격적이었다. "그거 다 완전 옛날이잖아. 그런 걸 왜 아직까지 신경 써? 일본 음식이 맛있고 품질이 좋잖아~" 순화시켜서 썼지만, 다 옛날이야기라는 말에 F로 시작하는 단어도 들어가 있었고, 말투에는 그런 것까지 신경을 쓰다니 고리타분하다는 생각이 표현되고 있어 놀라웠다. 그 이후로 만날 때마다 친구가 일본 음식을 먹자, 일본 브랜드 쇼핑을 하자, 일본 여행을 가자 해도 다시는 친구 앞에서 그런 이야기를 꺼낸 적은 없지만, 정답은 없다고 스스로 되뇌며 많은 생각을 한 적이 있다.

이런 과거에 대해 연연해 하지 않는 심플함이 현재의 싱가포르를 감정 없는 나라, 부자 나라, 외국인이 살기 좋은 나라, 모든 것이 물질적인 나라에 항상 손꼽히는 곳 중 하나로 만든 것은 아닐까. 내가 처음 싱가포르에 와서 느낀 것 중 하나는, 이곳은 돈이 없으면 너무나 살기 힘든 나라라는 것이었다. 대부분의 즐거움은 보이는 것, 즉 입는 것, 들고 다니는 것, 먹는 것 등에 가장 컸고, 처음 만난 자리에서 대뜸 '너는 HDB(정부 아파트) 사니 콘도 사니?' '어떤 워킹 비자 가지고 있어?' 등을 스스럼없이 묻는 모습이 그저 원초적이고 순수한 것인지 혼란스러웠다. 워킹 비자는 월급에 따라 차등을 두고 이름을 달리 가지고 있어 어떤 비자를 가지고 있는지 알면 그 사람의 최소 소득은 가늠해볼 수 있기 때문이다. 예를 들자면, WP는 Work Permit, EP는 Employment Pass 등으로 구분되어 있다.

보이는 것들은 그 순간은 좋지만 적어도 나에게는 크게 남는 것은 아니어서 명품도 사본 적이 있고, 비싼 음식도 많이 먹어보고, 멋진 호텔이며 식당을 경험해보았지만 크게 만족감을 주거나 기억에 담을 만한 느낌이 많이 남지는 않았다. 그러나 지금 열거한 이 보여지는 것들이 소위 사람들이 말하는 성공의 요소들인 것 같기도 하고 아리송하다.

# 16
## 유령의 달

2012년 8월

싱가포르에서는 8월만 되면 지나가는 길가의 가게마다, 가가호호 집 앞마다 작은 향을 피워둔다. 조금 더 사람이 모이는 장소에 가면 무슨 동네잔치나 행사라도 하듯 거나하게 제사상을 차려둔다.

처음에는 무슬림 의식인가 했는데 알고 보니 음력으로 일곱 번째 되는 달은 유령의 달, 'Ghost Month'라고 한다. 매년 음력 일곱 번째 달의 첫 번째 날, 모든 지옥의 문이 열려 유령과 영혼들이 일반 세계에 나온다고 한다. 저승 문이 열려 저승에 있던 영혼이 이승을 배회한다고 믿는 것인데 특히 중국과 중국 불교에서 기인한 이 제사상을 차리는 풍습은 중국 문화를 가지고 있거나 중국계가 많이 거주하고 있는 싱가포르, 인도네시아, 말레이시아 등에서 보여진다고 한다.

이 시기에는 길거리 곳곳에서 음식을 바치거나 무언가를 태우는 사람들이 자주 보인다. 특히 부적 같은 것들을 태우는 것을 볼 수 있는데 이는 돌아다니는 영혼을 달래는 의미를 갖는다. 특히 빨간 부적이나 깃발이 놓인 것은 염라대왕에게 바치는 것이라고 한다.

몇 년 전부터 팔구 월 정도에 무슨 일이 생기면 항상 친구들은 "유령의 달이라서 그래~"하면서 항상 몸조심, 사고 조심을 해야 하는 달이라고 말해왔다. 마치 거울을 깨면 재수가 없다, 그날 하루 꿈자리가 사나우면 모든 행동이나 사건 사고를 조심해야 한다는 말과 같은 의미라고 해석할 수 있지 않을까?

어느 쇼핑몰 앞에 차려진 유령의 달을 위한 제사상

요즘에는 유령 축제, 배고픈 유령 축제, 아귀 축제 등의 이름으로 조금 더 밝고 즐거운 페스티벌로 변화되었다고 한다. 한국 사람이 듣기에는 조금 허무맹랑하지만 이 기원이 불교의 그것과도 이어져 있어 이해 못 할 일은 아니고, 오히려 신기하기도 했다. 조심해서 나쁠 것이 무엇이겠나. 이 한 달 동안은 조심 또 조심한다.

# 17
# 신발과 돈, 원초적인 즐거움

    어릴 때 호떡 가게 사장님이 꿈이었던 적이 있었다. 그 납작하게 누르는 뒤집개로 반죽을 얇게 누르고, 잘 구워진 호떡을 옆으로 싹 싹 보내는 모습이 너무 재미있어서 호떡을 만드는 사람이 되고 싶었다. 나는 아르바이트도 다양하게 했던 편인데, 특히 장사를 하면 돈을 버는 원초적인 손맛을 간접적으로나마 느낄 수 있다.

    명품에는 크게 관심이 있진 않은 편인 나지만 신발은 정말 좋아한다. 처음 싱가포르에 도착해서는 눈이 돌아서 한 번에 아홉 켤레를 산 적도 있다. 비싼 신발만을 좋아하는 것은 아니고, 아무래도 키가 큰 편이 아니다 보니 예쁜 힐을 보면 눈이 많이 돌아가는 편이다. 싱가포르에서 좋았던 점은 나 혼자 신발장을 독점할 수 있다는 것이었는데 신발장 문을 열면 눈과 마음이 뿌듯해지는 색색 가지 신발이 뿌듯하게 나를 반기고는 했었다.

싱가포르는 아무래도 계절이 하나뿐이다 보니, 싱가포르에서 1년 동안 신는 신발은 우리나라로 치면 4년 동안 신는 꼴이다. 초반에는 한국과는 다른 스타일 때문에 위에 말했듯 정말 눈이 돌아서 신발을 많이 구매했었는데, 어느 정도 기간이 지나고 나니 한국만큼 좋은 가격에 좋은 퀄리티를 가진 신발을 찾기는 쉽지 않았고, 대부분 이삼 개월 신으면 금방 망가져버렸다. 물론 내가 신발을 험하게 신는 편이기도 하다.

처음 싱가포르에 갔을 때는 우리나라만큼 온라인 쇼핑이 활성화되지 않은 상황이었다. 이미 한국에서는 온라인 쇼핑이 굉장히 대중화되어 있었는데, 예를 들어 신발을 구매한다고 하면 한국에서는 신어보지 않아도 사이즈가 맞지 않으면 다른 사람에게 줘버리거나 교환 혹은 환불을 한다는 생각이 보편적으로 깔려 있었다. 한국은 이미 '못 입어보고 못 신어 봤는데 어떻게 구매하지?'라는 고민이 구매여부를 결정하는 하는 단계를 지난 상황이었다. 반면 싱가포르는 쇼핑으로 유명한 나라치고는 온라인으로 구매하면 직접 신어보거나 입어보지 못한다는 불편함에 대한 인식이 더 큰 상황이었다.

초반에는 새로움에 눈이 돌아 사고 또 사던 신발들에게도 점점 흥미가 떨어졌고, 내가 생각하기에 더 세련되고 질 좋은 신발을 구매하려면 꽤나 많은 돈을 주어야 했다. 기본적으로 나는 신발을 좋아하니까, 정말 단순한 마음으로 없어도 살 수 있을 만큼의 돈을 '투자'하여 여러 종류의 저렴하지만 질이 좋은 '메이드 인 코리아'

신발들을 한국에서 구매해서 가져왔다. 2008~2009년은 싱가포르에서 막 한류가 시작되는 타이밍이어서 '메이드 인 코리아'라고 하면, 그리고 판매자가 진짜 한국인이라고 하면 무언가 잘, 그리고 더어필할 수 있을 것 같았다.

심지어 용기 넘치게 자체적으로 쉽게 제작할 수 있는 웹사이트까지 간단하게 만들어서 몇 켤레를 팔게 되었다. 이름은 '에브리 싱글 슈'라고 지었다. 처음에는 지인 찬스로 친구들에게 몇 켤레 팔면서, 또 페이스북 광고도 하면서(내가 2008년도에 페이스북에 가입을 했으니 페이스북 paid광고 모델을 꽤나 초창기에 이용해 봤다고 할 수 있다. 모르는 사람들에게도 간간이 구매에 대한 문의사항을 받기도 하며 재미있게 일했다.) 이것저것 팔면서 많은 것을 느꼈다. 나는 처음에 신발을 가져갈 때 모든 사이즈를 다 가져갈 수는 없으니 여성들이 가장 많이 신는 235~245 사이즈를 주로 가져갔다. 그때만 해도 '동남아 사람들은 신체적으로 작은 편이고 뼈대도 날씬하니 발도 작을 것이다'라는 근거 없는 개인적인 생각이 있었다.

지금 생각하면 이렇게 주먹구구식의 전혀 시장 조사가 되지 않은, 굉장히 주관적인 개인의 관찰과 취향을 바탕으로 나름의 비즈니스를 하려고 했었던 것이 너무 어이가 없어 웃음도 나고, 큰돈을 쓰지 않아서 다행이다 싶기도 하다가도, 아예 그때 제대로 판을 벌여볼 걸 후회하는 마음이 들기도 한다.

싱가포르에서 나의 신발에 관심을 보였던 사람들이 보내온 문의사항은 대부분 '디자인이 너무 예쁜데 신어볼 수가 없어서 아쉽다', '사이즈가 너무 작다'였다. 싱가포르에서 지내 보니 습하고 더운 날씨 때문에 대부분이 어릴 때부터 슬리퍼나 플립플랍, 즉 조리를 신는 것이 생활화되어 있었다. 그 때문에 오히려 더 발이 자유자재로 크거나 볼이 넓거나 했던 것이었다.

아마추어처럼 시작했던 '에브리 싱글 슈'는 몇십 켤레의 재고만 남기고 역사 속으로 사라졌다. 이제는 재고 처리가 문제였다. 주위의 친구들에게 하나씩 주는 것도 한계가 있었고, 친구들도 만날 때마다 신발을 한 켤레씩 받으니 미안해하던 찰나에 나는 이곳저곳 벼룩시장을 알아보기로 했다. 지금은 빈티지함과 스타일리시함이 공존하는 아랍 스트리트 근처 하지 레인(Haji lane)은 그 당시에는 지금처럼 세련되지는 않았지만 주말이 되면 길거리 소규모 밴드나 공연, 그리고 벼룩시장의 메카였다. 각자 본인이 만든 액세서리, 옷, 패션 아이템, 또는 중고 물건들을 가지고 작게 가판대를 만들어 지나가는 사람들의 흥미를 채워주었다. 그런데 아무래도 아주 젊은 일이십 대 초반 정도의 연령대가 많이 모이다 보니 가격이 5~10달러 이상이면 큰 관심을 끌기가 힘들었다. 또 다른 한 곳은 클락키였다. 중간에 분수대가 있는데 그곳에서 한두 달에 한 번씩 벼룩시장을 진행했다. 그 당시 자릿값이 200불 정도로 꽤나 비싸긴 했지만 오히려 유동인구가 더 많고, 마침 핼러윈 기간이라 더 많은 파티 피플들이 지나다닐 것 같았다. 원래 항상 술에 취하면 지갑이 열리는

법이 아니던가….

　나는 200불 정도의 대여비를 내고 그곳에서 매대를 만들어 재고 정리를 하기로 했다. 오프라인이니 신어볼 수도 있고, 마침 방문한 엄마를 통해 또 한국에서 귀걸이 여러 쌍을 가져왔다.

클락키 마켓

　나는 정말 재고 정리가 목적이었는데 친구들이 음료를 사서 들러 이야기하며 마시다가, 또 근처 펍에 가서 맥주를 사다가 마시다가, 다른 매대에서는 무엇을 파나 구경도 하며 말 그대로 축제처럼 재미있는 시간을 보냈다. 그날 장사도 최고치를 찍었고, 다른 매대 사장님들과 '짠~'도 하며 재미의 최고치도 함께 찍었다.

# 18
## 구슬 꿰는 여자

2013년 10월

한 살, 한 살 먹어가는 나이만큼이나 지혜와 인내심도 늘어가면 좋으련만 현실에서는 어쩜 더 참을성이 없어지는 걸까? 마음을 다 스려보자는 의미에서 지난 생일에 사브리나에게 받았던 1,000조각 퍼즐과 얼마 전부터 새로 시작한 나의 취미생활 '팔찌 만들기'를 진행해보기로 했다. 지난달 방콕에서 동생을 만났을 때 한국에서 주문했던 구슬들을 받아왔고, 나는 한 100개 정도 만들 양이라고 생각했었는데 서른 개나 만들면 많이 만드는 걸까? 구슬의 양이 모자라는 것 같다.

마침 사브리나가 아랍 스트리트에 있는 브런치 집을 소개해주길래 혼자 가볼까 하다가, 이본과 션을 꼬셔서 함께 나섰다. 그러나 사람이 너무 많고 땡볕에서 40분을 기다려야 하는 관계로 우리는 홍콩 딤섬집 '레드스타'로 자리를 옮겨 딤섬의 향연을 펼치며 배터지게 먹은 후, 다시 아랍 스트리트로 돌아왔다. 그러고 보니 나에게 처음 이 동네를 소개해주고 함께 둘러봐준 이도 사브리나 였구나. 너무나 다양해서 나의 상식선을 벗어나는 일들이 난무하는 이 외지에서 사브리나, 이본이라는 친구를 만날 수 있었던 것만으로도 참 얻은 것이 많다.

어쨌든, 오랜만에 찾아온 하지레인은 과장을 조금 보태면 파리의 마레 지구를 방불케 하는 스타일리시한 가게들로 문전성시를 이루고 있었다. 4~5년 전, 처음 이곳에 왔을 때에는 신발을 좀 팔아볼까 시장조사 겸 왔었고, 그때만 해도 몇몇 빈티지한 가게들이 있기는 했지만 중고 벼룩시장이 거의 주를 이뤘었다.

구슬을 고르기 위해 온 것인데 이 구슬이 참 요물이다. 관심 없던 이들까지 지갑을 열게 한다. 션까지 다이아몬드 모형을 하나 사서 차에 걸겠다고 난리다. 예쁜 것도 있고 싸구려 느낌도 있고 정말 비싼 것도 많다. 나의 임무는 저렴한데 비싸 보이는 것 찾기이다. 차에 걸어놓을 다이아몬드 모형을 사는 남편을 보며 이본은 나에게 숙덕숙덕 환장하겠다는 표정을 짓는다. 부부들의 투닥거림이야말로 국적과 관계없이 비슷한 것 같다. 가끔 차를 얻어타면 앞에서 둘이 싸우기 시작하는데, 우리 부모님이 투덕대는 것이랑 아주 같다. 주로 한 명은 틀린 길을 우기고, 다른 한 명은 거기가 아니라고 우기고, 결국에는 거의 엄마들이 맞고 아빠들은 끝까지 큰소리친다. 더운 날씨를 한참 돌아다니다가 마음에 드는 호스텔에 딸린 카페를 발견했다. 빈티지 스타일의 카페인데 가격은 그닥 빈티지스럽지 못하다. 커피 위에 커피콩을 숭숭 토핑으로 올려준 그 아이스라테 한 모금이 참으로 고소하다. 새로 구매한 구슬들을 늘어놓고 리뷰하면서, 땀도 식히며 시원하게 한잔.

몇 년 전 비가 부슬부슬 오는 날 오전에 엄마와 이곳 아랍 스트리트에서 아침 겸 점심으로 토스트 세트를 먹으면서 참 좋다 했었는데, 다시 와본 이곳은 의외로 복작복작하다. 몇 년 만에 사람이 늘어서 그런 것인지 시간대의 문제인지는 잘 모르겠지만 이국적인 것을 좋아하는 관광객들이라면 이 모스크 앞에 늘어서 있는 호스텔을 이용해도 재미있을 것 같다. 요즘 마음이 흔들릴 때마다 차분히 한 알 한 알 색깔을 매치해서 만든다고 했더니 동생은 무슨 치매 방지 놀이냐며 비웃는다.

어쨌든 싱가포르의 CBD 빌딩 숲 지역만 보고 가는 이들에게는 꼭 한 번 추천해주고 싶은 이국적인 아랍 스트리트. 줄이 길어서 못 먹었던 브런치는 다시 먹으러 와야겠다.

# 19
## 페니 대학교

2015년 2월

동쪽 어귀에 '페니 유니버시티(Penny University)'라는 브런치 가
게가 있는데 종종 찾는 가게이다.

우선은 음식도 맛있고, 산미 강한 커피 향도 좋고 와이파이가
빵빵 터진다. 한국에서는 와이파이가 기본이지만 이곳에서는 정말
유명한 브런치 가게나 카페도 인터넷 연결이 안 되어 있는 곳이 있
어 종종 놀란다. 이곳에는 심지어 너무 훌륭한 샥슈카* 메뉴가 있다.

페니 유니버시티의 뜻을 위키피디아에서 검색하면 다음과 같다.

~~~~~~~~~~

*  우리나라에는 '에그 인 헬'이라는 이름으로 잘 알려져 있는데 매콤한 토마토 베이스에 소시
   지나 햄, 시금치를 넣고 계란을 퐁당퐁당 깨 넣은 모습이 마치 불구덩이 지옥 불 같다고 해
   서 붙여진 듯하다.

과거에 영국에서 1페니*만 내면 입장이 가능하며, 함께 모여서 정치, 과학, 시 등에 대한 주제에 대해 떠들고 의견을 나누고 함께 토론하며 그 장소를 배움의 장으로 만들었다는 것에서 유래되어 '페니 유니버시티'라는 말이 생겼다고 하는데 나중에는 정치적인 토론에서부터 음모까지 꾸며지는 장소가 되었다고도 한다.

오늘은 집이 아닌 이곳에서 일하며 한동안은 매니저의 메일도 안 읽은 척, 못 읽은 척하며 나도 책을 읽든, 글을 끄적대든 무언가 지적인 작업을 해보자 작정했다.

모든 직장인의 꿈이 치킨집, 카페라고 하는데 나도 동참해서 책과 커피, 알코올과 사람이 함께하는 한국의 페니 유니버시티를 만들어보고 싶은 작은 소망이 있다.

페니 유니버시티 카페 외관 사진

---

* 여러 나라에서 사용되는 동전의 단위로 현재로는 액면 최소단위이다. 영국에서는 100분의 1파운드, 한국 돈으로 약 15원으로 사용된다.

SECTION 3

# 20
## 카타마란, 요트 파티

나는 수영을 못한다. 그래서 스쿠버다이빙도 못 해봤다. 싱가포르는 워낙 덥기도 하지만 위치적으로도 물에 둘러싸여 있어 사람들이 물과 친한 나라이고, 해외 어디를 다녀도 대부분의 사람들이 수영을 하기에 나도 여러 번 배워보려 생각해봤지만 마음의 부담 때문에 결국 해내지 못한 것 중 하나가 수영이다. 어릴 때 고막에 문제가 있어 수술한 적이 있는데, 샤워할 때도 항상 귀에 랩을 싸서 하고, 학교에서 가는 어린이 수영장 학습 등에는 당연히 참석할 수 없어 다른 아이들이 꺅꺅 소리 지르며 재미있게 물놀이는 하는 동안, 나는 선생님들과 평상에서 수줍게 어울려 앉아 있고는 했었다. 그때의 트라우마 때문인지 물을 꽤나 겁내 하는 편이고, 물놀이를 즐기지는 않는다.

그렇게 커 오다가 성인이 된 후 푸껫에 갔을 때 배를 타고 바다로 나가 스노클링을 할 기회가 있었다. 예전 같으면 무서워서 안 했을 텐데 이 알록달록한 파라다이스에서까지 못 해보면 너무 아쉬울 것 같았다. 딱 한 번쯤은 나도 남들 다 하는 경험을 꼭 해보고 싶은 그런 느낌이었달까. 구명조끼까지 착용하고도 물에 뛰어드는 순간 혼자 엎치락뒤치락하며 소리를 지르고, 마침 배 위에서 물고기들 모이라고 식빵 조각을 던지는 사람들 때문에 내 근처로 팔뚝만한 물고기들이 몰리자 혼자 소리 지르며 쌍욕하고, 한 번씩 파도에 꿀렁일 때마다 자지러지게 소리 지르고 정말 부끄러운 경험이었다.

몇몇 친구들이 요트를 빌려 일몰여행을 하자고 했다. 싱가포르는 기본적으로 섬나라이기 때문에 이런 프로그램들이 한국보다는 더 대중적인 것 같다. 지금이 아니면 이런 호사를 누리지 못할 것 같아 저녁 여섯 시부터 열한 시까지의 일정으로 카타마란 트립이라는 명목 아래 16명이 모였다. 나도 얼마 전 친해진 몇 안 되는 동료 겸 친구 프레드를 데려갔다. 아침에는 그리 날씨가 화창하니 설레게

센토사 코브의 먹구름과 선착장 사진

하더니 센토사 코브 선착장으로 가는 택시를 타는 순간 빗방울이 날린다.

하늘 저 멀리부터 먹구름이 가득 몰려오고 있었지만 선착장에 있는 이 아리따운 하얀 요트들은 충분히 마음을 들뜨게 했다. 막연하게 바깥에서 보는 요트는 굉장히 작을 것만 같았는데 침실이 네 개에 부엌, 화장실이 있고, 둘러앉아 담소를 나눌 수 있는 응접실 개념의 홀이 두 개나 되었다.

지금 와서 할 수 있는 실없이 웃긴 이야기지만, 난 그때까지만 해도 요트 트립이라고 불렀지 카타마란(Catamaran)이라는 단어를 처음 들어봐서 이것이 배를 뜻하는지 몰랐었다. 사람들이 요트 트립이란 단어 대신 카타마란 트립이라고 계속 이야기하기에 난 그게 섬 이름인 줄 알고 여권을 가지고 올 뻔했다고 이야기했더니 다들 빵 터지며 어이없어했다. 한 차례 떠들썩하게 배 구경을 하고 앞 뱃머리에서 노닥거리는데 '후다다다다닥' 소나기가 미친 듯이 내린다. 재빨리 선실 안으로 대피하여 나머지 수다를 떨며 샴페인을 땄다.

지금도 좋은 친구인 프레드는, 그 당시 싱가포르에 온 지 5개월 정도 되었으나 갑자기 포지션을 옮기게 되어 곧 시애틀로 갈 수도 있다는 소식을 들어 충격에 빠져 있었기에 기분 전환을 하자고 꼬셔 함께했다.

갑자기 밖에서 불꽃놀이를 한다고 어서 와보라고 한다. 갔더니 그리 열심히 항해한 줄 알았건만, 우리는 센토사 앞 또는 뒤 바다에 떠 있었던 것이었다. 센토사의 불꽃놀이까지 공유하면서 다들 유쾌하게 깔깔 웃는다.

수심이 14m에 도달하는 지점에서 배가 잠깐 섰다. 확실히 외국에는 수영을 못하는 아이들이 거의 없다. 다들 어쩜 이리도 용감하게 퐁당퐁당 뛰어들어 공중목욕탕 같은 장면을 연출하는지 나도 당장이라도 옆에 구명 튜브를 들고 뛰어들고 싶었으나 꾹 참았다. 이 여행 이후에는 나중에 후회하거나 아쉬워하고 싶지 않아서 종종 수영장을 사용할 일이 있으면 한쪽에 배치되어 있는 구명 튜브를 타고 놀곤 했다. 처음에는 한 소리 하던 경비아저씨도 어느 순간 내가 아무도 사용하지 않는 구명 튜브를 열심히 사용하며 먼지를 씻어주니 눈감고 넘어가주었다.

아이들의 용감한 수영 세션이 끝나고 맛있는 바비큐 음식을 먹었다. 선장님과 도우미가 사람들이 수영을 하는 동안 고기와 소시지, satay(꼬치구이), 치킨 윙 등을 맛있게 구워 주신다. 치킨 윙 6조각을 접시에 담고 움직이다 젖은 바닥에 미끄러져 넘어지면서 치킨 윙 여섯 개가 동서남북 사방팔방으로 날아가는 장면까지 만들어냈고 사람들의 함박웃음, 또 비웃음과 함께 무릎에 영광의 상처까지 남았다. 이렇게 맛있는 음식과 샴페인, 음악과 흥에 겨운 춤까지 함께하며 즐거운 시간을 마무리했다. 싱가포르에 와서 많이 노력하려는 부분은 '적어도 한 번은 해보자'였다. 다 해봤다고 생각해도, 지나고 나면 분명 후회가 남기 마련이기 때문이었다.

그 덥고 습한, 공사가 끊이지 않던 거리를 걷던 그때의 일상도 지금은 미화되어 아름답고 아쉽기만 할 뿐이기에 평소의 나라면 하지 않았을 카타마란 트립은 한 번쯤은 해볼 만한 색다르고 즐거우며 호사스러운 경험이었다.

# 21
## 2013 해피 뉴 이어

또 구정 연휴가 다가왔다. 정말 빨리 또 한 해가 지나간다.

계절이 하나뿐인 나라에서 사는 것은 좋은 점도 있지만 안 좋은 점도 있다. 좋은 점이라 하면 옷차림이 일관적이기에 옷장이 가볍다는 것이다. 특히 한국에 돌아와 생활해보니 그 차이가 대단히 크게 느껴진다. 기후가 점점 변화하기에 예전처럼 또렷한 사계절도 이제 더 이상 찾아보기 힘든 한국은, 옷이나 이불들도 사계절 중간중간에 들어가는 봄과 여름 사이의, 여름과 가을 사이의, 가을보다는 춥지만 겨울 만큼 아주 춥지는 않은 이름 모를 계절까지 알맞게 구비해야 하도록 되어버렸다. 싱가포르는 덥기 때문에 면으로 된 이불 커버를 속에 아무것도 넣지 않고 홑이불처럼 사용했었는데 한국은 차렵이불, 면 이불, 솜이불, 극세사 이불 등등 다양한 이불로 정말 옷장이 터져 나갈 것만 같다.

계절이 하나라서 안 좋은 점은 기억력이 흐려진다는 것이다. 동료들과도 진지하게 이 부분에 대해 토론한 적이 있었는데 아무래도 계절이 여름 하나이다 보니, 상징적인 옷차림이나 날씨로 어떤 사건을 기억하는 능력이 현저히 떨어지게 된다는 것이다. 예를 들어 정확히 '언제'가 기억나지 않더라도 '아! 그때 눈 오는 날 우리 커피 마셨잖아!' 또는 '그때 너 빨간 코트, 또는 너 여름 초록 반바지 입고 온 날!' 등 기억에 촉매제 역할을 할 수 있는 절기상의 이미지가 사실상 여름 하나로 통일이기 때문이다. 실제로 나는 원래 기억력이 꽤나 좋았던 사람인데 많이 둔화된 것을 스스로 느끼고 있다. 기억력이 흐려진다는 것은 그만큼 민첩하게 인지하지 못하고, 나도 모르는 사이에 무엇인가가 빠르게 진행된다는 것이다.

특히 싱가포르는 다민족 국가이기 때문에 챙겨야 할 명절이나 공휴일도 꽤나 많고, 그러다 보면 어느새 또 Happy Chinese New Year, 가장 큰 명절인 구정이 다가온다. 현지인들은 주로 가족, 친지들과 모여 Lo Hei 세리머니를 하고 스팀보트(steam boat)라고 하는 샤브샤브를 먹는다. 한국에서 과거에 볼 수 있었던 대가족의 규모는 규모도 아니다. 보통 아주 적으면 20명, 많으면 100명까지도 구정 연휴 내내 서로서로 방문하여 모여서 게임을 하고, 전문 케이터링까지 동원하여 아파트 문밖 복도에 테이블을 쫙 세팅한 후 식사를 하기도 한다.

싱가포르에 오는 사람들은 큰 착각을 한다. 싱가포르는 글로벌 도시, 언제 어디서나 영어를 사용하고, 쓰레기 하나 없는 모두가 안전한 그런 나라일 것이라고 말이다. 나도 착각했듯 이런 환상을 가지고 와서의 첫인상은 '아차! 여기 생각보다 덜 글로벌 한 것 같은데? 길에서 담배도 줄줄이 많이 피우네? 그런데 대학가 길거리에서도 젊은 친구들마저 친구끼리는 영어를 안 쓰네?'였다. 처음에는 이런 부분에 많이 놀라고 기대와 다름에 작은 충격을 받기까지 했다.

초반에 가족이 함께 놀러 온 적이 있다. 가족들이 한국으로 돌아가는 날 시간이 좀 남아 창이 공항에 있는 햄버거 프랜차이즈 가게에서 군것질을 하려고 했다. 내가 주문을 하는데 동생이 따라와서 옆에 서 있다가 갑자기 엄마에게 뛰어가더니 "엄마, 엄마! 언니 중국어도 할 줄 아나 봐! 진짜 다 알아들어!"라며 소리친 적이 있다. 주문받는 사람의 독특한 싱글리쉬와 만다린이 섞긴 방언이 한국인이 듣기에는 전혀 영어로 들리지 않았기 때문이었다.

그만큼 싱가포르에서 느끼는 중국의 영향은 언어뿐만 아니라 여러 곳에 많이 퍼져 있다. 작은 싱가포르 면적에 비해 꽤나 큰 차이나타운은 번화가인 도심지와 바로 이어져 있어서 오묘한 매력을 자아낸다. 관광객들이 다니는 중심 거리에는 어딜 가도 볼 수 있는 '메이드 인 차이나'가 써진 기념품들이 즐비하고, 조금만 샛길로 벗어나면 정말 내가 중국에 와 있는 것인가 싶을 정도의 온갖 재료상, 과일가게, 중국식 빵집, 여행사, 도자기 앤티크 가구점, 식당 등등의 한자로 써 있는 가게들, 그리고 길거리에 의자를 내놓고 앉아 웃통을 벗고 지나가는 이들을 관찰하는 사람들과 은은히 퍼지는 향냄새까지 복작복작하다.

차이나타운 내에서도 분위기 좋은 펍을 찾게 된다면, 중국 한복판에 와 있는 느낌에 경치는 도심지의 빌딩 숲을 감상할 수 있어 또 다른 분위기를 자아낸다.

구정이라서, 'Chinese New Year'라 왠지 차이나타운에 가야 할 것 같은 기분에 이끌려 그곳에 도착했을 때, 마침 뱀의 해를 맞이하는 중이라 꾸며놓은 —너무도 단순하지만 명확한— 뱀 장식이 내 눈을 사로잡았다.

구정 설 연휴 차이나타운의 뱀의 해 기념 풍선 사진

매년 구정마다 어떤 동물의 모형이 어떻게 얼마나 예쁘게, 또는 흉하게 걸릴지 기대하며 한 번씩 와보는 차이나타운. 새해의 기분도 물씬, 내가 있는 곳이 한국이 아니라는 생각도 물씬, 나는 이 명절에 여기서 혼자라는 것도 물씬 느낄 수 있게 해준다.

# 22
## 어느 날 밤

Sep, 2014

특별할 것도 없는 딱 이 세 가게 앞에 꾸역꾸역 시간만 되면 길
바닥에 모여드는 사람들.

싱가포르는 사람들이 모여 노는, 소위 핫 플레이스가 모여 있는
곳이 한정되어 있어 다들 흥에 겨운 인파를 찾아 돌고 돌아 다시
꾸역꾸역 여기로 모인다.

이곳은 싱가포르가 아니다.

어느 평일 밤 클럽 스트리트

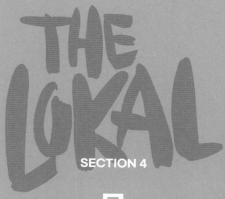

SECTION 4

문
화

# 23
## Money

How much is it?

싱가포르에 있으면서 정말 수도 없이 들었던 문장, How much is it?(그거 얼마니?)이다.

내가 무엇을 하든, 무엇을 먹든, 어디 여행을 다녀오든 싱가포리 언들에게 제일 처음 듣는 말은 '얼마 줬어?'일 것이다. 꽤 오랜 시간 싱가포르에 있었지만 직접적인 돈 이야기가 편치 않은 나는 그런 질문을 받을 때마다 불편하고 민망하고 또 기분이 나빠지기까지 했다. 그 당시 회사에 캐나다에서 온 동료가 있었는데 정말로 이런 이유로 6개월 만에 싱가포르를 떠나 다시 캐나다로 돌아갔다. 지금 생각해보면 그게 떠난 이유의 전부는 아니었겠지만, 많이 다른 문화의 차이를 극복하지 못하였기 때문이었을 것이다.

우선 기본적으로 네트워킹 파티 같은 곳에서 현지인과 대화를 하게 된다면 몇몇 기본적인 이름과 국적, 그리고 무슨 일을 하는지에 대한 호구 조사 후 바로 '어디 살아? 콘도? HDB(정부 아파트)?'라는 굉장히 개인적인 질문이 훅 들어온다. 어색하게 대답을 우물쭈물하다 보면 더 큰 펀치가 강타한다. '렌트비 얼마씩 내?' 이런 질문을 받는 것은 —심지어 가장 절친한 일 촌 관계 형성이 되어 있는 부모님이 '너는 월급 얼마 받니?'라고 물어볼 때, 나름 친한 친구가 연봉을 물어볼 때, 심지어 내가 입은 이 블라우스를 얼마에 샀는지 친하지 않은 동료가 물어볼 때 느껴지는— 약간은 부끄럽고, 민망하고, 어색하고 불편하기도 한 감정 위의 정말 다른 레벨이다. 왜냐하면 한국에서는, 아니면 적어도 나는 돈 이야기를 하는 것에 꽤나 민망해하는 편이고, 이를 직접적으로 물어보는 것은 약간 예의에 어긋난다는 조심스러운 생각이 있어서 일 것이다.

생각해보면 싱가포르는 돈에 있어서는 지극히 자본주의적인 나라이다. 외국인의 신분으로 싱가포르에서 일을 하려면 워킹 비자를 받아야 하는데 이조차 월급별로 레벨을 나누어놓았다. 예를 들어 우선 EP라고 하는 Employment Pass를 받으려면 2021년 기준, 기본 월급이 4,500 싱가포르 달러가 되어야 한다. (4,500 싱가포르 달러가 넘는다고 무조건 EP를 받을 수 있는 것은 아니고, 경력과 나이에 따라 기준이 올라간다.) 그 아래는 Employment Pass가 아닌 WP(Work Permit)이라고 하는 다른 단계의 비자를 받을 수 있다. EP 중에서도 월급이 6,000 싱가포르 달러를 넘어가면 배우자나 결혼 전에 가진 아이를 위한 Dependent Pass를 받을 수 있는 자격이 주어진다. PEP(Personalized Employment Pass)는 월급이 18,000 싱가포르 달러 이상이 되는 사람에게 주어지는 조금 더 특별한 EP라고 할 수 있겠다. 잔인하게도 외국인 노동자들의 신분증에는 WP, EP, PEP 등이 명시되어 있어 당연하게 그 사람의 소득 수준을 짐작게 할 수 있다. (그 외에도 나이별로, 조건별로, 기간별로 나누어져 있지만 여기에 다 명시하지는 않겠다.) 그렇기에 그런 네트워킹 파티에서도 '어디 살아? 집 렌트비는 얼마니?' 다음에 오는 질문은 'EP?'이다. 굉장히 불쾌할 수도 있는 질문들을 많은 사람에게 돌아가며 듣다 보면 어느 정도 그런가 보다 할 때가 오기는 하지만 그래도 절대적으로 쉽게 대답하기 어려운, 기분 좋은 질문은 아니다.

싱가포르의 주를 차지하는 세 인종은 싱가포리언 차이니즈, 말레이, 그리고 인디언인데 그 중 싱가포리언 차이니즈는 중국 문화의 뿌리에서부터 시작되었기에 그 특성이 여러 군데에서 나타난다. 그 가운데 하나가 돈에 대한 중요함이다. 중국 명나라 때부터 중국의 어머니들이 자녀들에게 읽혔던 필독서《증광현문》을 보면 중국사람의 사고방식이나 행동 양식의 기본적인 처세술이 담겨있다. "내가 가난할 때에는 시내 한복판에 살아도 찾아오는 이 하나 없더니 부자가 되니 산골짜기 깊숙하게 살아도 찾아오는 사람들이 많다" 또는 "돈 있는 사람들이 하는 말은 모두 옳고, 돈 없는 사람들이 하는 말은 모두 그르다. 이게 틀렸다고 생각되면 연회 자리에 가봐라.

모든 사람이 돈 있는 사람들에게만 술을 권한다"라는 말이 있다. 이런 식으로 어릴 때부터 돈에 대해 현실적인 이야기를 듣고 자란 아이들은 커가면서 더욱 돈의 중요성을 느끼며 인생에서 가장 중요한 것 중 하나라고 생각하게 된다.

동남아시아 국가들의 중국인들은 대부분 부유하게 산다. 실제로 그 국가의 현지인과는 다른 레벨로 구분 지어지는 경우가 일반적이다. 이러한 돈에 대한 중요함이나 직접적인 표현, 민감함 때문에 놀랐던 적이 있다.

한번은 나름 친한 동료와 커피를 마시러 간 적이 있다. 나는 라테를 한 잔 시키고, 동료는 케이크를 먹겠다고 계산대 근처에서 서성거리며 주문 중이었다. 5분이 지나도 10분이 지나도 계속 맡아둔 자리로 돌아오지 않기에 무슨 일이 있는 거냐며 직접 동료를 데리러 갔다. 함께 자리로 와서 저쪽에서 무슨 일이 있었냐고 물었더니 돌아오는 대답은 이와 같았다. "주문한 치즈 케이크가 원래 5불 10센트였는데 오늘 보니 5불 90센트로 올랐어. 그렇다면 케이크의 크기가 80센트만큼 커져 있어야 하는데 오히려 이전보다 1.5cm 두께가 작거나 같은 느낌이라 그것으로 실랑이를 했어"였다. 그 이야기를 들은 나의 첫 마디는 당연히 "Wow"였다. 그 크기에 대한 민감한, 즉 80센트에 대한 민감함이 나를 불편하게 했던 것이다. "그게 그렇게 중요해? 80센트인데? 물가가 올랐을 수 있잖아"라고 둘러대며 더 이상 그 '사태'에 대해 이야기하는 것을 중단하였다. 내 입장에서는 이들의 돈에 대한 디테일함과 민감함을 직접적으로 느낄 수 있는 기회였는데 그 이후에도 여행 다녀왔다는 나에게 어디로? 다음의 질문이 '어땠어'보다는 '비행깃값 얼마 줬어?'가 현저하게 많은 비율을 차지했을 때, 다시 한번 돈에 대한 단도직입적인 생각과 태도를 엿볼 수 있었다.

싱가포르 사람들은 줄 서는 것을 좋아하는 것을 떠나 즐기는 것 같아 보일 때가 있는데, 이는 돈을 중요시하는 부분과 연결이 된다. 다른 사람들이 이 가게에서 버블티를 2불에 사 먹는데 다른 가게는 2불 20센트라고 하면 그 20센트 때문만이 아니라 다른 사람들에 비해 같은, 또는 비슷한 제품을 20센트나 더 주고 산 것에 대한 불편함 때문이겠다. 어떻게 보면 민망하고 마음이 불편하다는 이유로 깔끔하게 확인하지 못하고, '그냥 내가 사고 말지'라고 넘기거나, 계산해서 받을 것은 받고 하지 못하는 나에게는 어색하지만, 한편으로는 금전적으로 깨끗하고 명확하게 정리하고 넘어가는 것은 배워야 할 부분이라고도 생각했다. 싱가포르에서 처음 맞은 생일에 생일 주인공인 내가 한국식으로 비빔밥 300불어치를 샀다가 왜 저럴까 의아해하는 눈빛을 많이 받은 경험이 있던 나로서는….

어렸을 때부터 돈에 대한 중요성을 배워오고, 현실에서 정확하게 따져가며 정리하는 부분 때문에 지금은 누구나 부자 국가라고 생각하는 부유한 싱가포르가, 그래도 어디 가면 똑소리 난다는 소리를 듣는 싱가포리언들이 생겨난 것이 아닐까?

# 24
## 문화생활

싱가포르에서 많은 갈증을 느꼈던 부분 중 하나는 바로 문화생활이었다. 한국에서는 때때로 뮤지컬이나 연극도 보고, 여행을 가면 큰 지식 없이도 미술관이나 박물관을 휘휘 돌아다니며 정신적인 배고픔을 조금이나마 채웠던 것 같다. 하지만 싱가포르는 우선 국가 면적이 작기 때문에 초창기에만 해도 규모가 큰 공연이나 다양한 전시를 찾아보기는 힘든 부분이 있었고, 의외로 거주하고 있는 외국인들이나 부유한 이들만 예술에 대한 관심을 보일 뿐 그리 대중적이지 못한 것 같다는 생각도 종종 했다.

그러나 그리 보편적이지 못한 관심에 비해 싱가포르 곳곳의 일상 속에서 예술적이고 창의적인 부분을 찾아볼 수 있다. 우선은 주거지인 '콘도'라고 불리는 주거형태가 있는데, 우리나라의 아파트처럼 성냥갑을 세워둔 회색 빌딩 무리, —이쪽 지방에 내려가도 저쪽

지역을 가도— 굉장히 획일화된 거주단지와는 다른 각각의 건축양식이나 디자인을 뽐내고 있다. 물론 HDB 같이 큰 단지는 비슷한 아파트가 줄지어 있을 때도 있지만, 대부분의 콘도에서는 같은 건축 스타일이나 외관을 찾기는 정말 힘들 정도로 건물마다 개성이 뚜렷하다. 1년 내내 여름이라는 하나의 계절을 가지고 있기에 설계나 외관을 계획함에 쉬운 부분도 있겠지만, 호텔이나 상업적인 건물들도 종종 '아니 어떻게 저렇게 꿈에나 그릴 법한 디자인을 접목했을까?' 싶을 정도로 독특한 모습을 자아낸다.

재작년 친구 사브리나의 결혼식 때문에 싱가포르를 방문했을 때 새삼 달라진 도시의 모습에 격세지감을 느낄 정도였는데, 3년 전만 해도 존재하지 않던 이 호텔은, 외관을 타고 흐르는 담쟁이 넝쿨에 중간층을 획 뚫어 로비로 만들고 수영장과 가든까지 만들어놓은 아름다우면서도 독특한 외관을 자랑하고 있었다. 멀리서 보면 마치 우주정거장에 담쟁이넝쿨이 휘감고 있는, 거대하게 자라나는 잭의 콩 나무를 보는 듯한 느낌이었달까?

다른 하나는 미술관과 박물관이다. 내가 살던 때만 해도 미술관, 박물관이라고 하면 시청역에 서로 가까이 위치한 National Museum(국립 박물관), Singapore Art Museum(SAM, 싱가포르 아트 뮤지엄), 그리고 싱가포르 강을 끼고 있는 Asian Civilization Museum(아시아 문명 박물관) 이렇게 세 개 정도가 그나마 가장 볼만한 곳들이었다. 한 달에 한 번씩은 꼭 국립 박물관에 가고, 또 가고 했었다. 언젠가부터 매년 열리는 싱가포르 나이트 페스티벌도 볼만하다. 밤에 이 박물관 건물의 외관에 조명을 쏴서 밤에는 조용하기만 했던 Singapore Management University(SMU) 대학가가 온갖 조명과 예술적인 비디오와 음악으로 반짝거리고 거리는 젊은이, 가족들로 떠들썩하게 가득 찬다.

다른 인상적이었던 페스티벌은 길만 바락 아트 페스티벌(Gillman Barrack Art Festival)이다. 싱가포르의 서남쪽인 알렉산드라 로드 근처의 호트 파크(Hort Park) 지역에 가면 '길만 바락'이라는 갤러리 단지가 위치해 있다. 숲과 공원 근처에 있어 가는 길이 꽤나 운치 있는데 '과연 이 숲속 안에 그런 갤러리들이 있을까?' 싶을 때 즈음 하얀 유럽 스타일의 갤러리 단지가 나온다. 이 페스티벌도 1년에 한 번 열리는데, 맥주나 음료를 들고 마시면서 쭈욱 갤러리를 자유롭게 돌아보는 형식이다. 음료를 마시며 구석구석 걸으며 작품들을 감상하고, 내려와서는 갤러리 앞마당에 널브러져 있는 의자들을 끌어 옹기종기 모여 앉아 서로 감상평을 논하다 보면 마치 야외 파티에라도 온 것처럼 트렌디한 음악들이 조용한 숲속 어귀에 밤공기를 타고 울리기 시작한다. 음악과 마실 거리, 사람과 예술이 어우러진 자유로운 영혼을 가진 페스티벌이다.

싱가포르에서 갈 곳은 쇼핑몰밖에 없다고 생각했던 나에게도 신선했던 경험이었다.

해가 거듭될수록 더 많은 박물관과 미술관들이 생겼다. 마리나

베이샌즈에 있는 사이언스 뮤지엄이 그중 하나인데 꼭 과학에 관련된 것이 아니더라도 고전 예술인들의 작품을 비디오나 홀로그램으로 보여 준다든지 등의 새로운 시도를 많이 한다. 또한 외관이 마치 지구를 한 손에 받치고 있는, 또는 까다 만 귤 같은 모양을 하고 있어 눈을 즐겁게 해준다. 사실 이 모양은 유명한 건축가인 모셰 사프디(Moshe Safdie)가 기획한 작품이다. 연꽃을 본뜬 것으로 '싱가포르의 환영의 손'을 의미하며 하나하나의 귤껍질 같은 모양이 손가락을 의미한다고 한다. 다른 한 곳은 2015년에 문을 연 Singapore National Gallery(싱가포르 국립 갤러리)인데 내가 떠난 후에 생긴 곳이어서 이후에 싱가포르를 다시 방문했을 때 가볼 수 있었다. 가장 새로 생긴 미술관이기는 하지만 외관 건축, 규모와 작품의 종류가 국립 박물관은 댈 것도 아닐 정도로 어마어마해서 놀랐던 기억이 있다. 그 당시 야요이 쿠사마(Yayoi Kusama)라는 일본 예술가의 전시회가 열리고 있었는데, 점을 가지고 만들어 낸 다양하고도 환상적인 비주얼이 인상적이었고 전시회 자체도 굉장히 재미있었다. 그 작품 중 하나가 인천 파라다이스 호텔 로비에 있다고 한다.

모든 전시를 끝내고 갤러리 꼭대기 층으로 올라가니 맞은 편에 펼쳐진 싱가포르 크리켓 클럽의 초록 잔디가 시원하게 앞마당이 되어주며, 옆으로는 싱가포르의 모던한 빌딩 뷰가 화려하게 펼쳐져 있다.

# 25

## Huat Ah!

매년 구정이 되면 울려 퍼지는 인사, Happy Chinese New Year(또는 Happy Lunar New Year)!

5년 넘게 회사에서 치르는 구정 기념 점심 식사와 세리머니 외에는 경험해보지 못했고, 가족들의 모임에 끼는 것이 좀 어색하기도 하여 항상 친구들의 초대에 거절해왔었다. 그러다가 이곳에서 보내는 명절이 마지막일 수도 있다는 생각에 구정 연휴 자기 집에 오라는 사브리나의 제안을 받아들였다. 엄밀히 말해 사브리나의 언니네 집에서 하는 가족 모임이라는데 나중에 가서 물어보니 외가 식구들이라고 한다. 그러면 반 정도인데도 20~30명이 북적북적하다.

빈손이 어색해서 한국 떡집에서 떡을 맞추어 갔는데 날 마중나온 사브리나의 손에는 오렌지 두 개가 들려 있다. "어차피 네가 몰라서 안 가지고 올 줄 알고 내가 가지고 내려왔어! 이따 들고 들

문화　　　　131

어와서 우리 아빠한테 줘!". 중국계 문화에서 오렌지, 만다린, 금귤 등은 돈을 뜻하는 부의 상징이다. 연휴 언저리에 길을 걷다 보면 호텔이나 식당 등에서 금귤 나무로 장식을 한 경우를 많이 볼 수 있다. 얼핏 보면 정말 금화 동전이 나무에 주렁주렁 달려 있는 것 같기도 하다. 사브리나 언니의 집은 너무 멋있는 뷰를 가지고 있었다. 살랑살랑 저녁 바람에, 또 언제나 머금고 있는 습기와 함께 맥주 한 잔과 아이들의 게임으로 저녁을 시작한다.

실처럼 얇게 채 썬 야채들을 한 곳에 모아 젓가락으로 들었다 놨다 하며 '로헤이'(Lo Hei)라고 하는 의식을 치르는데 저 각각의 채소들에 의미가 있다. '로헤이'는 광동어로 'Tossing up good luck' 이라고 하는데, 말 그대로 '여러 가지 의미를 담은 채소들을 위로 던지고 섞어 운을 불러온다'라고 해석할 수 있겠다.

---

당근: 행운

푸른 무: 영원한 젊음

흰 무: 앞으로 다가올 좋은 기회와 직업

날생선: 풍부함과 번영

포멜로[*]: 운

---

[*] 동남아에서 자주 볼 수 있는 자몽. 겉이 연한 연둣빛을 띠고 속도 비슷한 색의 과육에 자몽보다 더 굵은 알갱이가 특징인데 맛은 아주 비슷하다.

다진 땅콩: 가정에 많은 귀중한 물건들이 넘칠 것이라는 뜻

참깨: 하는 일의 번창

골든 크래커: 부를 상징

매실 소스: 위의 모든 샐러드를 하나로 섞어주는 소스로
가족과 친구들을 더욱 끈끈하게 이어준다는 의미

후추와 계핏가루: 부에 대한 소망을 의미

기름: 조금씩 샐러드 전체에 둥글리듯 뿌려주며 이는 모
든 방향에서 돈이 모일 것이라는 것을 의미

저 채소들과 소스 하나하나의 의미를 설명하며 함께 외치면서
소스를 접시 위에 두른다. 재료를 다 둘러 얹었으면 모두 젓가락으
로 천장을 향해 채소를 집어 살짝 위로 던지면서 'Huat Ah'라고
외친다. Huat은 번영하다라는 뜻이고 Ah는 싱가포르의 유명한 감
탄사인 'lah'처럼 싱글리쉬 감탄사 중 하나라고 한다.

사브리나 가족들의 Lo Hei 사진

나도 어릴 적 명절이면 시골에 계신 할머니를 뵈러 가족들이 모두 내려가 모이거나, 제삿날이 되면 외갓집에 사촌들과 친척들이 모두 모여 시간을 보내던 추억이 있다. 집집마다 다양한 스타일이 있겠지만 아무래도 이제는 과거만큼 대가족이 모여 무언가를 함께하는 집은 많이 없는 것 같다.

　현대적인 사회의 안을 들여다보면 아직도 싱가포르는 중국 문화의 영향을 많이 받아서인지 종종 가족들과 친척들이 큰 규모로 모이는 돈독함을 가지고 있다. 때로는 불편하지만 이런 끈끈한 가족애가 지금의 싱가포르를 성장시킨 원동력의 일부분이 아니었을까?

　나의 여러 해 동안의 싱가포르 생활 중, 제대로 된 첫 Lo Hei 경험이었다.

# 26
## 줄 서기

2011년 10월

Are you in a queue? 지금 줄 서고 있는 거예요?

싱가포르에 와서 느낀 것은, 이 아이들은 참 줄을 잘 선다는 것이다.

매일 먹는 특별할 것 없는 식당에도, 패스트푸드점에도 어쩌면 줄을 100m씩 그리도 잘 서는지.

개인적으로 나 같은 경우에는 정말 맛집에 찾아갔어도 줄이 100m씩 된다면 다음에 오자 하고 주위의 다른 선택지를 찾아보는 성향이기에 이 더운 날씨에 땀을 뻘뻘 흘리며 줄을 서는 이 아이들의 습성은 참으로 이해하기 힘들다.

아는 지인께서는 "이 아이들은 정말로 줄을 서는 것을 좋아하는 것 같다. 줄을 서서 수다 떠는 것을 진심으로 즐기는 것 같다"고 말씀하셨는데 '정말 그럴 수도 있겠다' 하는 마음이 든다. 타이완에서 건너온 인기 버블티 집에는 줄이 벌써 끝이 보이지 않을 만큼 길다. 하도 인기가 많다고 하여 한잔 먹어볼까 했는데 도무지 기다릴 자신이 없어졌다. 그렇다고 이곳에만 있는 가게도 아니고, 이 쇼핑몰에 하나의 버블티 가게가 있는 것도 아닌데….

언젠가 싱가포리언 친구에게 "너네는 왜 이렇게 줄을 서는 것을 좋아해?"라고 물었더니 남에게 지는 것이 싫단다. 같은 물건을 남들보다 1원이라도 비싸게 사면 억울하고, 남이 먹는 것은 나도 꼭 먹어봐야 하는 그런 마음이라고 하는데, 여행을 하든 이사를 하든 '얼마야?'가 먼저 튀어나오는 질문인 아이들의 습성과도 일치하는 부분인 것 같다. 앞서 잠깐 이야기했지만, 캐나다에서 싱가포르로 왔던 동료 중 한 명은 온 지 6개월 만에 캐나다로 돌아갔다. 무엇을 하든 가격을 묻고 민감해하는 그런 문화에 넌덜머리가 난다는 이유에서였다. 실제로 그녀는 싱가포르 삶에서의 육하원칙과도 같은 기본 질문을 받을 때마다 굉장히 스트레스를 받고는 했었다. 가격을 무조건 먼저 알고, 남이 자기보다 비싸게 샀으면 속으로 흐뭇해하고, 자기가 비싸게 샀으면 속으로 배가 아파 죽겠는 거다.

별로 예쁜 태도는 아닌 것 같고, 개인적으로는 참 꼴 보기 싫다.

싱가포르 버블티 가게 줄

# 27
## 페라나칸

싱가포르에서 페라나칸을 빼놓기는 아쉽다.

페라나칸은 15~17세기경 말레이 반도로 이주한 중국인 남성
과 말레이 여성 사이에 태어난 이들을 이르는 말인데 남자는 '바바
(baba)', 여자는 '논야(nyonya)'라고 칭한다. 이 이후에 여러 식민지
시대를 거치면서 포르투갈이나 네덜란드, 태국 등 다양한 나라의
문화가 더해졌다.

싱가포르의 동쪽에 내가 꽤나 오랫동안 살았던 동네 중 탄종
까통(Tanjong Katong)이라는 지역이 있다. 알록달록 형형색색의 숍하
우스들이 줄지어 선 모습이 꽤나 인상적인 동네이다. 이 동네가 과
거 부유했던 페라나칸들이 모여 살던 곳이라고 하는데 그래서인지
관련된 페라나칸 식당이나 미니 박물관을 볼 수 있다. 내가 처음 접
했던 페라나칸 음식은 같이 살던 타카코 언니가 동료와 식사를 한

다고 하여 함께한 자리였다. 자주 지나다니다가 봐 왔던, 예쁜 도자기나 접시를 많이 전시해두었던 가게들이 페라나칸의 그릇을 파는 곳들이었고, 또 매일 지나만 다니던 로컬 베이커리라고 생각했던 곳이 유명한 페라나칸 식당이었다니! 1층에는 홈메이드로 만든 듯한 선명한 연둣빛의 판단 잎 케이크와 코코넛을 버무린 떡을 팔고, 안쪽을 들여다보면 연잎에 쌓인 연밥이 천장에 대롱대롱 매달려 있다. 처음 접해본 페라나칸 음식은 초딩 입맛을 가진 나에게 사실 그리 입에 맞지는 않았다. 아무래도 처음이어서, 더 낯선 비주얼이 식욕을 그리 당기지는 못해 식사 중간부터 배가 고파왔다. 디저트도 준다고 해서 그것으로 배를 채워볼 생각에 기대하고 있었는데 등장한 디저트의 모습은 내가 좋아하지 않는 것으로만 구성하여 만든 종합선물세트 같았던 첸돌이었다. 처음 첸돌을 만났을 때의 비주얼 충격은 지금도 생생하다. 판단 잎을 사용해 만든 짧은 초록색 젤리국수에 코코넛 밀크, 얼음과 큰 강낭콩 크기의 팥을 넣은 모습인데 내가 기대하고 있던 디저트의 모습과는 거리가 멀었고 새삼 '녹색이 사람의 입맛을 그리 당기는 색은 아니구나.' 느낄 수 있었던

연두색 국수와 팥, 코코넛의 향연,
페라나칸 디저트 첸돌 (출처: 픽사베이)

재미있는 경험이었다.

근거리의 말레이시아 도시에서도 페라나칸의 문화를 많이 볼 수 있는데 그중 한 곳이 말라카이다. 말라카는 싱가포르에서 버스로 4~5시간 정도 걸려 갈 수 있는 말레이시아에서 600년의 역사를 가진 가장 오래된 도시 중 한 곳이다. 과거 포르투갈 식민지 시대를 겪었기에 몇몇 포르투갈 스타일의 유럽식 건축물들이 아직도 남아 있다. 싱가포르 라벤더역에 있는 골든마일(Golden Mile)이라는 버스터미널에서 출발하는 버스는 중간에 수세식 화장실과 현지 간식거리 정도를 갖춘 허름한 휴게소에 한 번 들린 후 계속 달려 그곳에 도착한다. 말라카에는 한 번 가본 적이 있는데 타오르는 그 태양의 강도는 싱가포르의 그것과는 비교할 수 없을 정도로 뜨거워서 사실상 쾌적하게 이곳저곳을 돌아다니기에는 무리가 있어 보고 싶었던 몇몇 곳만 다녔다. 그 당시 온도가 37도 이상이었던 것으로 기억하는데 이곳저곳 다니다 도착한 1521년에 지어진 옛 교회인 St. Paul Church(세인트 폴 교회)에 도착했을 때는 거의 더위를 먹기 직전이었고, 남아 있는 교회터의 지붕 없는 교회 벽은 조금의 그늘도 허락하지 않아 머리통에 불이 붙은 기분이 들 정도로 더웠다. 가장 번화한 명동과 같은 종커 스트리트에는 관광객을 태우기 위한 인력거, 마차 등이 즐비하고 길가에 꽉꽉 들어찬 온갖 물건을 파는 매대들이 문전성시를 이룬다. 밤이 되면 곳곳에 들어오는 전등과 점점 많아지는 사람들, 이에 맞춰 점점 커지는 거리의 음악들이 어우러져 하나의 에너지가 되어 야시장의 분위기를 더욱 활기 있게 만든다.

　현지 식당에 들어서서 만나는 작지만 아름다운 중정이나 알록달록 화려한 숍하우스의 모습이 다른 나라와는 확연히 다른 독특한 매력을 자아낸다. 여러 번 갈 필요는 없겠지만 여정이 닿는다면 가볼 만한 재미있는 도시이다. 말라카까지는 갈 기회가 없지만 페라나칸의 색을 느끼고 싶다면, 싱가포르의 까통 스트리트로 가보면 비슷한 그 무언가를 느낄 수 있을 것이다.

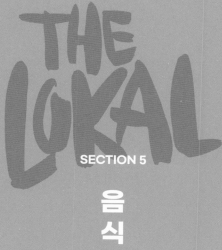

SECTION 5

음
식

# 28
## 미식의 천국

이곳에 지내면서 싱가포르가 미식의 천국이라는 수식어는 과장되었다고 생각한 적이 있었다. 그러다가 한국으로 돌아와서 먹고 싶은 다른 나라 음식을 파는 곳을 찾기 어렵거나, 가격적인 접근이 부담스러운 경우를 많이 접하면서 새삼 '아~ 싱가포르는 미식의 천국이 맞구나~'라고 느끼게 되었다.

싱가포르에 있으면서 내가 좋아했던 음식은 단연 크랩이다. 우리가 잔칫날이나 손님맞이용으로 만드는 잡채와 갈비찜을 매번 주식으로 먹지는 않듯이, 사실 싱가포르에서도 유명한 칠리크랩을 늘 먹을 수는 없다. 그러나 내 '외국인'이라는 딱지는 현지 친구들을 꼬셔 크랩을 자주 먹자고 유혹할 수 있다는 장점이 있었다. 한번은 이본이 알아두었다는 현지 크랩 식당이 있다며 퇴근 후 나를 픽업하여 같이 가겠다고 하였다. 도대체 이 식당은 어디에 있는 것이니?

동서를 달려 횡단하면 30분인 이 작은 나라에서 우린 한 시간째 교통체증을 겪으며 북쪽으로 가고 있었다. 누구 한 명이 멀미로 차에서 뛰쳐나가기 직전, 다행히 도착한 곳은 부킷티마라는 지역의 북쪽에 위치한 현지 식당이었다. 얼핏 카센터 공터를 식당으로 개조한 느낌도 드는 굉장히 거칠고 꾸밈없는 느낌의 식당이었는데, 그곳에서의 Salt baked crab(소금을 이용해 찐 크랩)을 맛보는 순간, 그 탄탄한 육질과 게살의 달콤한 맛에 혀를 내두르지 않을 수 없었다. 크랩 외에도 한국의 굴전과 비슷하지만 전분을 더 많이 사용하여 투명한 듯 부들부들한 굴 오믈렛, 삼발 깡꽁 등을 시켜 맛있게 먹었던 기억이 있다. 한국인들에게는 단연코 칠리크랩이 가장 유명하다. 달콤 매콤한 소스가 입맛에 잘 맞을 뿐 아니라, 튀겨 나온 꽃빵이나 볶음밥에 이 소스를 얹어 먹는 것도 별미이다. 그러나 블랙페퍼크랩이나 버터크랩도 꼭 맛보시라고 추천하고 싶다. 칼칼한 내음과 매콤한 맛이 일품인 블랙페퍼크랩, Egg yolk(계란 노른자)과 버터가 어우러져 느끼한 듯 달콤하고, 그러면서도 부드러워 손길을 멈출 수 없는 풍미 가득한 버터크랩 말이다.

그 외에 내가 좋아하는 메뉴 중 삼총사인 쮸쮸, 라라, 꽁꽁이라는 재미있는 이름을 가진 음식들이 있다. 쮸쮸는 고둥, 라라는 조개, 꽁꽁은 소라를 매콤한 삼발 소스에 잘 버무린 음식인데, 호커센터에서 이 삼총사를 동남아식의 얼음과 레몬을 넣은 타이거 맥주와 함께 손가락을 쪽쪽 빨며 맛보는, 그 시원하고도 짭짤 매콤한 맛은, 덥고 습함에서 오는 스트레스를 한 방에 날려준다. 거기에 사탕수수대를 직접 짜서 만든 사탕수수 주스 한잔이면 정말 더위 안녕 ~ 이다. 처음에는 회사 근처를 지나다니며, 건물의 뒤편 환풍기가 모여있는 골목길에 건물 안의 호커센터 냄새가 길에 풍기면 나는 코를 틀어막고 숨을 참고 걸었었다. 정말 단전부터 올라오는 불편함과 멀미가 날 것만 같았던 그 익숙지 못했던 향기가, 어느 순간 맡으면 나의 식욕을 자극하고 배가 고파옴이 느껴질 때 즈음 나는 현지인이 되어가고 있었나 보다.

　싱가포르는 현대적인 도시이지만 열대우림과 어우러져 있기도 하다. 싱가포르에서 처음 가봤던 브런치 집은 현재 한국에도 들어와 있는 P 카페인데 처음 가게 안으로 발을 내디뎠을 때의 그 신선한 충격을 잊을 수가 없다. 뎀시힐 한 모퉁이의 표지조차 잘 보이지 않는 그 입구의 오솔길을 따라 들어가면 마치 다른 세계가 나타난 듯하다. 우거진 작은 숲과 잔디마당, 흐드러지게 핀 천리향 꽃을 일부러 그 자리에 장식해 둔 듯한 예쁜 나무 데크길이 나타난다. 그곳에서 먹는 에그 베네딕트 한 입, 아이스 아메리카노 한 모금, 그리고 당근케이크 한 입은 나에게 현실과 동떨어진 느낌을 전달해주었다. 처음 입구에 들어서면서 내가 느꼈던 환상적인 느낌을 전달해주기 위해 한국에서 오는 친구나 가족들을 항상 데려가곤 했었다. 브런치의 클래식이라고 생각하면 된다. 브런치 문화가 아주 대중적인 싱가포르에서 나름 유명하고 새로 생겼다는 곳은 거의 다 가본 까닭에 막상 한국에서는 잘 찾지 않게 되었다. 한국에서는 브런치가 최대한 꾸미고 나가 접시의 10분의 1 정도 나오는 —너무 예쁘고 작아 건드리기 힘든 음식을 깨작거리는— 보여주기 식의 느낌이 크기 때문이다. 브런치 이야기를 하자니 싱가포르의 로컬식 브런치도 빼놓을 수 없다. 관광객들에게 유명한 카야잼을 이용해 만드는 카야 토스트와 반숙 계란이 그것이다. 그냥 간단히 빵을 구워 잼을 바르면 되는 게 아닌가 생각하겠지만, 식빵을 정말 얇게 썰어 무쇠 그릴 팬에 바삭하게 굽고 무심한 듯 툭 썰어넣은 버터 조각과 카야잼의 조화는 오전, 또는 오후 시간에 필요한 에너지와 달달함을 충분히 채워준다. 여기에 진하고 달콤한 밀크티나 상큼한 라임 주스 한 잔이면 정말 최고의 브런치이다. 처음 로컬 커피를 마셨을 때 나는 머리가 띵해짐을 느끼며 "에퉤퉤. 완전 사약이네요~"라고 반응했었다. 그 진하디진한 커피에 설탕과 우유 또는 연유를 어떻게 넣느냐에 따라 커피의 종류가 아래와 같이 나뉜다.

# How to order kopi

**Kopi O** — Coffee / Sugar

**Kopi O Kosong** — Coffee with no milk or sugar

**Kopi O Siew Dai** — Coffee / Less sugar

**Kopi O Ga Dai** — Coffee / More Sugar

**Kopi C** — Coffee / Sugar / Evaporated milk

**Kopi C Siew Dai** — Coffee / Less Sugar / Evaporated milk

**Kopi C Ga Dai** — Coffee / More sugar / Evaporated milk

**Kopi O Ga Dai** — Coffee / Condensed milk

**Kopi Gao** — Thick coffee / Condensed milk

**Kopi Gu Yu** — Coffee / Butter

**Kopi Di Lo** — Very thick coffee / Condensed milk

**Kopi Poh** — Thin coffee / Condensed milk

**Kopi Peng** — Ice / Coffee / Condensed milk

**Kopi Sua** — Two orders of the same type of coffee

**Kopi Tarik** — Condensed milk / Foam / Pulled coffee

Kopi O: 커피+설탕

Kopi O Kosong: 커피에 아무것도 넣지 않은 것

Kopi O Siew Dai: 커피에 설탕 조금

Kopi O Ga Dai: 커피에 설탕 많이

Kopi C: 커피에 설탕, 무가당 연유

Kopi C Siew Dai: 커피에 설탕 조금, 무가당 연유

Kopi C Ga Dai: 커피에 설탕 많이, 무가당 연유

Kopi: 커피에 연유

Kopi Gao: 진한 커피에 연유

Kopi Gu Yu: 커피에 버터

Kopi Di Lo: 아주 진한 커피에 연유

Kopi Poh: 연한 커피에 연유

Kopi Peng: 얼음에 커피, 연유

Kopi Sua: 같은 것으로 두 잔!

Kopi Tarik: 추출한 커피에 우유 거품, 연유

오전에는 주로 카야토스트와 코피, 달걀을 세트로 판매하는데 반숙된 달걀을 작은 접시에 깨 넣고, 양념이 된 듯한 간장을 마구 뿌려 섞어준다. 보기에 먹음직스럽지는 않지만, 토스트를 간장에 적신 그 반숙 달걀에 찍어 먹는 맛이 참 고소하고 그 감칠맛 또한 일품이다. 오후에는 커피나 계란 대신 달달하고 시원한 밀크티를 곁들이기도 한다.

또 즐겨 먹었던 음식 중 하나는 남미 음식인 세비체이다. 곳곳

에 있는 남미풍의 펍에서 파는 곳이 있길래 처음 접해보았는데, 그 당시 회를 먹지 않는 나에게도 그 맛이 참 괜찮았다. 흰살생선을 레몬이나 라임즙에 절여 산(acid)으로 익게 만들고, 양파, 토마토 등이 추가로 들어간다. 퓨전식으로 망고나 새우를 다져 넣은 세비체도 있다. 세비체는 그냥 먹어도, 빵이나 또띠아 칩에 얹어 먹어도 상큼 담백한 맛이 조화롭다. 한국에 와서 세비체를 너무 먹고 싶어 찾아는 보았는데, 몇 군데 없을 뿐 아니라 가격이 비싸고, 거리도 멀어 몇 년째 먹어보지 못하고 있다. 또 좋아하던 음식은 한 끼 3천 칼로리에 열흘 치 나트륨을 섭취할 수 있는 핫팟, 스팀보트이다. 오차드 탕린 쪽으로 가면 청킹(총칭) 핫팟이라는 유명한 중국식 샤브샤브 휘궈집이 있었다. 1920년대 중국 총칭의 장베이라는 곳에서부터 시작된 음식인데, 그 당시 부두에서 일하던 행상인들이 팔고 남은 부분의 소고기를 사서 끓인 다음 소간 등을 잘게 썰어 넣고, 점토 난로에 맛별로 구획을 나누어 먹었던 음식이라고 한다. 맵고 짠 국물이 끓어오르면 먹기 시작하는데 난로에서 각자의 음식을 고르고 분할 된 면적을 고른 후, 그 선택한 구역에 넣은 것만 먹고 돈을 내는 방식이었다고 한다. 후에 총칭의 한 작은 식당에서 휘궈를 고급스럽게 만들어 팔기 시작한 것이 시초가 되었다. 뿌얀 육수와 매운 고추가 무섭게 떠다니는 mala(마라탕의 그 마라이다.) 매운 육수를 반반으로 나누어 넣고 싶은 고기, 해산물, 야채 등을 끓여 먹는 샤브샤브 형식인데, 한 때 탕린쇼핑센터에 있던 이 가게는 늘 사람으로 인산 인해에 대기 줄이 어마어마했었다. 지금은 문을 닫은 듯하지만 그 이후에도 한동안 대중적으로 맛볼 수 있는 훠궈에 빠져 있었다. 그 외 좋아하는 타이 음식이나 가격부담 없이 먹을 수 있는 프렌치 식당, 말은 안 통하지만 계속 카트를 끌고 다니며 눈과 코, 입을 즐겁게 하여 끊임없이 주문하게 하는 마법 같은 홍콩식 딤섬집, 바 자리에 앉아서 친구와 수다를 떨며 한잔하고 있으면 주인이 맛보라고 그 자리에서 썰어 내미는 하몽 한 조각을 즐길 수 있는 스페인식 타파스 식당, 모스크를 보며 무슬림의 정취를 느낄 수 있는 그리스 음식까지 너무나 다양하다.

1.5불짜리 카레 퍼프, 3불짜리 볶음국수에서 80불짜리 랍스터가 들어간 볶음밥까지, 다양한 종류와 가격의 음식과 문화가 언제나 손을 뻗으면 닿을 자리에 공존하고 있다.

# 29
## 소울 푸드

    처음 싱가포르에 갔을 때는 내가 회사에서 세 번째로 한국에서 넘어간 직원이었다. 같은 부서에 계셨던 이사님과 가끔 밥을 함께 먹기도 하고, 내가 해외에 나갔다 오면 담배를 사다 드리기도 하고 (싱가포르는 담배가 아주 비싸다), 맛난 점심으로 이를 보상받기도 하며, 한국인의 빠릿빠릿함을 따라오지 못하는 다른 나라 동료들의 뒷담화를 하기도 했다.

    회사 근처에는 라오빠삿(Lau Pa Sat)이라는 큰 호커센터가 있다. 싱가포르에서 가장 오래된 호커센터인데 싱가포르 관광책자에도 언제나 등장하고, 가끔 점심을 먹고 있을 때에도 카메라를 매고 여행 책자를 든 세계 각국의 여행객을 구경할 수 있다. 1824년에 처음 싱가포르 강가에 해산물 시장으로 지어졌다가 1838년에 재건되었다. 1894년에 위치를 옮기고 또 한 번의 재건 과정을 거쳐 현재의 모습을 지니게 되었다. 동남아에서는 꽤 오래된 빅토리안 디자인의 건축물이다. 이런 역사적인 마켓 플레이스가 빽빽한 도심 한복판에 있는데 낮에는 관광객과 직장인으로 붐비고, 밤에는 차가 다니는 도로를 막고 그 유명한 사테 거리로 변신한다.

어느 날 이사님은 나에게 타지에서 혹시라도 아프거나 정말 배가 고픈데 집에 먹을 것이 아무것도 없을 때 적어도 입에 맞는 로컬 푸드 하나 정도는 안전하게 알아두는 것이 좋다며 반미엔을 소개해 주셨다.

반미엔은 한국 손칼국수와 비슷한 맛인데 특히 우리 회사 근처에 있는 라오빠샷 113번 스툴에서는 유일하게 정말로 매운 반미엔을 팔았기에 나는 완전 마니아가 되어버렸다.

지금은 자취를 감춘 내가 좋아했던 반미엔 스툴

툭툭 밀어낸 밀가루 면에 무엇으로 우렸는지는 잘 모르겠는 뽀얀 육수, 간 돼지고기, 쫑쫑 썰어 넣은 파, 청경채에 계란 한 알 톡, 마지막에 토핑으로 마른 건어물을 얹어주는데 나는 냄새가 맞지 않아 항상 건어물은 빼달라고 했다. 하얀 국물이 기본이고, 똠얌 버전도 있지만, 내가 사랑하는 113번 스툴에서만! 아주 매운 버전을 팔았다. 나는 33~35도를 넘나드는 날씨에 에어컨 대신 팬만 돌아가는 야외 호커센터에 혼자이건 여럿이건 자주 갔는데, 나중에 113번 스툴이 확장했을 때 어느 정도 지분에 기여했을 거라고 자신한다.

사실 사는 사람이나 알지 굉장히 로컬스러운 음식이며 환경인데 내가 너무 빠져 있던 때라 한번은 한국에서 모 상무님이 출장 오셨을 때, 내가 맛있는 것을 사드린다며 순수하게도 그리로 모셔가는 무례 아닌 무례를 범한 적도 있다. 다행히도 상무님이 한국인에게 너무 잘 맞는 매운맛이라며 땀 뻘뻘 흘리시며 맛있게 드셔주셔서 감사했다. 싱가포르는 호커센터가 굉장히 대중적으로 발달되었다. 대부분의 동네에는 적어도 한 곳에는 무조건 큰 호커센터가 있어 3~6불 사이에서 한 끼(국수나 밥 종류)를 해결할 수 있다. 우리가 술을 먹고 야식을 먹으러 가는 곳이 보통 어떤 동네 입구의 치킨집이거나 시원하게 속을 풀어주는 해장국집인 듯이, 싱가포르에서는 각 HDB 아파트 단지 어귀마다 즐비하게 늘어선 작은 호커센터들이 그 역할을 한다.

# 30
## 디저트 문화

여러 친구들과 술을 마시던 중, 사브리나는 너무 맛있는 국수를 파는 곳이 있다며 야식을 먹으러 가자고 했다. 따라나선 곳은 식당이 있을 것 같지 않은 베독(Bedok)의 한 HDB 단지 어귀였는데 Mee Pork, 현지 발음으로 '미뽁'을 파는 곳이었다. 그때만 해도 현지 음식에 적응이 되지 않았던 시기라 나는 한 젓가락을 뜨는 둥 마는 둥 했었는데, 그 휘황찬란한 시티에서의 신나는 시간 후에 도심을 벗어난 후미진 뒷골목 어딘가에서 먹었던 2불 50센트짜리 미뽁 야식의 인상이 아직도 대조적으로 깊게 남아 있다.

싱가포르는 디저트의 왕국이라고 해도 과언이 아니다. 특히 이름을 하나하나 매치하기 힘들 만큼의 무수한 열대과일들, 더운 날씨, 그리고 이들의 서퍼, 즉 야식 문화가 밀접하게 관련이 있지 않을까 마음대로 추측해본다. 우리나라에서는 팀 모임을 하면 우선 밥을 먹이고 술을 준다. 처음 싱가포르에서 팀 회식을 가졌을 때를 기억하자면 딱 한 가지 생각이었다. '얘네는 왜 빈속에 술부터 들이붓는 것인가…'

오후 5~6시 정도에 만나 우선 간단히 술이나 음료를 마신다. 사람들이 하나둘씩 모이면 8시. 난 이미 배가 고파서 주전부리로 배를 채워놓았는데 이제 저녁을 먹으러 가잔다. 저녁을 다 먹으면 밤 9시 30분에서 10시, 수다를 조금 떨다가 이제 야식 아니면 디저트를 먹어야 한다며 밤 11시에 부른 배를 움켜쥐고 튀긴 빵이나 두부, 또는 다른 디저트를 먹으러 간다. 기본적으로 호커센터에서 파는 디저트는 종류에 따라 맛있기도 하지만 보기만 해도 독약 덩어리 같은 것들이 있다. 아이스 카짱이라는, 우리나라로 치면 빙수 같은 디저트인데 얼음 산에 반반씩 빨간 시럽, 초록 시럽을 뿌려주고 1.5~2불을 받는다. 먹다 보면 바닥에는 캔 옥수수와 팥이 깔려 있다. 굉장히 저렴하고 양이 많지만 색을 보면 '저거 먹고 잘못되는 건 아닐까'라는 생각이 든다.

내가 좋아하는 것은 버블티이다. 얼마 전에 코로나 19 바이러스의 확산으로 싱가포르의 버블티 집들은 다 문을 닫았고 이에 항의하는 사람들에 대한 기사가 난 것을 본 적 있다. 우습게 보이지만 그들은 진지하게 버블티를 사랑하고, 나도 그중 하나였다. 처음 미국에서 버블티(당시 미국에서는 보바티라고 불렀었다.)를 먹어보고 반해서 좋아하다가 2000년대 초중반에 한국에 살짝 유행했다가 사라져서 아쉬워했었는데 싱가포르에 도착하니 지하철역마다 무조건 버블티 가게가 하나씩 있는 것이다. 한 번 꽂히면 한동안 그것만 먹는 내 습성상 싱가포르 생활 초반 몇 주는 매일 퇴근길에 버블티를 사먹으며 저녁을 대신하기도 했을 정도로 버블티를 좋아했었다.

또 개인적으로 좋아하는 디저트 중에는 망고 빙수 또는 망고 포멜로가 있는데 새로운 음식을 시도하는 것을 크게 좋아하지 않는 나에게 가장 안전한 메뉴이고 열 번에 한 번을 제외하고는 항상 성공적이다. 물론 나를 살찌게 하는 것에도 항상 성공적이다.

왼쪽 위부터 시계방향으로 망고 포멜로, 망고 빙수,
망고 리치, 그리고 사탕수수 주스

한번은 회사 근처 몰에 점심시간마다 줄이 너무 길게 늘어서 있어 동료에게 저게 무슨 줄이냐고 물어본 적이 있다. 굉장히 유명한 디저트라는데 나는 줄 서는 것을 안 좋아하기 때문에 매번 그냥 지나쳤다. 고마운 동료가 어느 날 맛보라고 내 것도 사왔다며 하얀 순두부를 내밀었다. 순간 '순두부가 디저트라고?' 하는 의아한 마음에 한입을 떠 넣어보는 순간, 천국이 있다면 이 맛일까 싶을 정도로 몽글몽글한 두부에 달달한 설탕을 넣은 맛이 부드럽고도 따뜻했다. 당장 이 빈커드(bean curd) 가게를 찾아보니 운 좋게도 우리 집 근처 호커센터에도 매장이 있는 것이다. 한동안 퇴근하면서 6개씩 구매해서 매일 아침으로, 또 점심 후 디저트로 먹던 기억이 있다.

로컬 디저트를 먹으면서 생각하는 것은 이곳 사람들은 분위기를 참 안 따진다는 것이다. 건물과 건물 사이의 큰 쓰레기 더미가 쌓여 있는 곳에 간신히 테이블을 놓고 설탕 뿌린 연두부와 튀긴 빵을 10시 넘어서 줄 서서 먹고, 바퀴벌레가 기어다니는 호커센터에서 색소 가득한 아이스 까짱을 후식으로 먹는다.

우리나라는 디저트가 아무래도 서양화되어 있어서인지 사실 훨씬 발전되었고 세련되었다. 싱가포르에서는 10년 전에만 해도 서양식의 팬케이크 집이나 새로운 디저트 집이 문만 열면 싱가포리언이 잘하는 줄 서기가 시작되었다. 물론 서비스 마인드는 절대 기대하면 안 되고, 분위기 또한 창고에 테이블을 학생식당마냥 줄지어 배치한 곳인데 사람들은 열광한다. 물론 한국에 비해 상당히 촌스러웠지만 그 당시만 해도 그런 가게들이 몇 개 없었다. 지금은 모든 것이 굉장히 세련되게 변화하였고, 멋진 디저트 또는 브런치 카페들도 우후죽순 많이 생겼는데 우리나라와 다른 것은 싱가포르 사람들은 자기들의 것도 참 좋아한다는 것이다. 예를 들어 위에 언급한 로컬 디저트는 푸드코트에서나 사 먹을 수 있고, 아침으로는 사약 같은 로컬 코피와 카야토스트를 먹고, 찹쌀 옹심이를 넣은 흑깨죽, 젤리를 넣은 리치 스프 등 그들만의 로컬 디저트도 생활 속에서 즐긴다.

부러웠다. 가끔 '우리나라는 왜 우리나라 것을 브랜드화시키고 대중화시키지 않을까'라는 생각을 했었다. 멋지고 세련된 것을 좇되 우리나라의 것을 사랑하고 즐기는 모습, 이미 우리의 것을 일상에서 찾기 힘들고 새로운 것들은 계속해서 넘쳐남에 어쩔 줄을 모르고 무작정 받아들이는 그런 차이 아닐까?

언젠가는 브라우니 대신 한과나 떡을 두 조각씩 예쁜 접시에 담아내고, 아이스 아메리카노 말고 아이스 오미자를 멋진 유리컵에 담아 내어주는 그런 글로벌 프랜차이즈가 하나 나오면 참 좋겠는데 말이다.

# 31
## High-Tea 문화

영국령에 있던 국가들에서는 '하이티'라고 하는 문화가 꽤 대중적으로 알려져 있다. 하이티의 의미를 검색해보면 "영국인들이 오후 5시경에 홍차를 마시는 티타임"이라고 되어 있는데 애프터눈 티와 하이티는 시간의 다름이 아닌, 귀족과 평민을 구별하기 위해서 호칭을 달리한 것이었다고 한다. 나는 차보다는 커피를 더 사랑하는 사람으로 하이티 문화에 대해 크게 관심은 없었다. 특히 하이티를 하며 담소를 나누고, 예쁘고 맛있는 디저트를 눈과 입으로 즐기고, 사교하는 계기를 주는 이 시간이 나에게는 하이티의 '하이'라는 단어가 무언가 높고 고상해야만 한다는 것을 의미하는 것처럼 느껴졌다. 저렴한 경우 4~5만 원씩을 주고 차에 두 개 정도 먹으면 물리는 디저트를 먹는 것이 부담스럽기도 하고 그리 기대되는 일은 아니었다.

싱가포르는 영국령이었었기에 하이티가 유명한 곳들이 몇 군데 있다.

그중 꽤 유명해서 관광객들도 싱가포르에서 하이티를 경험하고 싶을 때 염두에 두는 곳이 있는데, 바로 래플스 호텔의 티핀룸일 것이다. 래플스 호텔은 싱가포르에서 가장 대표적인 호텔로 19세기 콜로니얼 양식이 그대로 남아 있고 '싱가포르 역사와 함께 살아 있는 박물관'이라는 설명이 어색하지 않은 곳이다. 워낙 시내 한복판에 있어 오며 가며 보지 않을 수 없는 위치에다가 눈을 확 사로잡은 아름다운 흰색 콜로니얼 건축양식에 놀라게 된다. 싱가포르를 최초로 발견한 래플스 경(Stamford Raffles)의 이름에서 따왔으며 1991년에는 한국의 건축회사에 의해 대대적인 개보수 공사가 이루어졌다. 그 명성만큼 전 세계적으로 유명한 사람들이 많이 묵었었다고 한다. 나는 회사에서 VVIP 행사를 준비하다가 방 안 곳곳까지 구경한 적이 있었는데, 의외로 화려하기보다는 클래식하고 소박한 느낌이었던 방에는 그동안 이 방을 다녀간 미국 대통령, 영화배우, 마이클 잭슨이나 찰리 채플린 등의 유명인사 사진들이 액자로 만들어져 벽을 장식하고 있어 꽤나 인상적이었다. 래플스 호텔에서 유명한 곳 중 하나는 롱바(Long Bar)이다. '싱가포르 슬링'이라는 시그니처 칵테일이 처음으로 시작된 곳이라 항상 관광객으로 붐빈다. 머리 위 천장에서 돌아가는 팬, 통나무 집 안에 들어와 있는 듯 자연과 어우러진 열대 느낌, 칵테일과 함께 주는 땅콩을 먹고 그 껍질은 바닥에 그냥 던져버리면 되어 바닥에는 지나갈 때마다 땅콩 껍질들이 바스락바스락 자유분방하게 널브러져 있다.

다른 유명한 한 곳이 이 티핀룸(Tiffin Room)이다. 티핀룸은 래플스 호텔의 가장 안쪽에 너무나도 아름답게 자리 잡은 티룸인데 1887년에 세워진 래플스 호텔의 역사와 나이를 거의 같이하고 있다. 층층이 쌓인 먹음직스러운 샌드위치와 쿠키, 머핀, 페이스트리들이 눈을 벌써 즐겁게 하고, 아름답게 한 상 차려진 클래식한 흰색 찻잔과 주전자가 마음을 설레게 한다.

또 다른 곳은 페어몬트 호텔에 있는 안티도트라는 곳이다. 내가 몇 안 되게 경험해본 하이티 장소인데 우선 가지고 나오는 디저트의 장식이 눈을 사로잡는다. 일반적인 3단 디저트 트레이에 나오는 대신에 여러 단으로 이루어진 하얀 서랍장을 가지고 나와 두 눈이 동그래졌다. 서랍장을 한 칸씩 열 때마다 빼꼼히 자리 잡은 색색 가지의 아름다운 디저트와 미니 샌드위치, 딤섬 등은 함께 나온 이름 모를 차와 함께 술술 넘어간다.

안티도트 서랍식 하이티

이러한 영국식 하이티 문화

와 비슷한 것이 싱가포르에서도 대중적인 중국식의 얌차 문화이
다. 얌차(Yum Cha)의 의미 자체가 광동어로 '차를 마시다'라는 뜻으
로 여러 가지 딤섬을 차와 함께 먹는 문화이다. 한국에서는 딤섬이
란 음식 자체가 특별하게 먹을 수 있는 점심 또는 저녁 메뉴가 될
수 있지만, 사실 딤섬은 오전이나 오후께에 차와 함께 마시는 그들
만의 하이티라고 할 수 있다. 처음 싱가포르에서 먹어본 딤섬은 차
이나타운에 있는 허름한 식당이었는데 딘타이펑이나 호텔 조식에서
나 보던 몇몇 딤섬 외에 어쩌면 그리 종류가 많은지 참 놀랐던 기억
이 있다. 친절함과 세련됨은 없지만, 툭 무심하게 던져주는 메뉴리
스트에 있는 딤섬을 원하는 종류와 수대로 체크하면 직원이 카트를
밀고 다니며 그 딤섬을 테이블에 놓아준다. 싱가포르에서 딤섬을
찾는 분들에게 유명 프랜차이즈 대신에, 직원과 산뜻하게 소통은
하기 힘들어 조금은 불편할 수 있지만, 진정한 현지식의 한 상 차려
진 딤섬을 느끼함을 씻어주는 담백한 차와 함께 꼭 맛보라고 추천
하고 싶다.

이렇게 눈과 입과 마음이 즐거워지는 다양한 스타일의 차 문화
를 통해서 서로 마주 보고 먹으며, 이야기하고 알아갈 수 있는 진정
한 소통의 기회를 만드는 것이 아닌가 생각해본다.

SECTION 6

회
사

# 32
## 인터뷰

나는 이직 횟수에 비해 회사 인터뷰를 정말 많이 본 편이다. 조금 과장해 포브스 500에 오른 회사 중 적어도 100곳은 도장 깨기를 했을 정도로 지난 시간 동안 많은 회사들과의 인터뷰를 경험했다.

정말 재미있는 사실은, 이름을 대면 알 만한 아주 훌륭한 회사들이라고해서 인터뷰를 하는 사람들과의 경험까지 훌륭함을 보장하지는 않는다는 것이다. 처음 싱가포르에 가서도 한동안은 내가 한국을 떠난 것을 모르는 회사들이나 헤드헌팅 회사로부터 연락을 많이 받았었다.

그중에 한 분은 내가 첫 회사를 다닐 때부터 알던 분인데 헤드헌터로 전업을 하시고, 감사하게도 어떤 포지션을 제안하려 연락을 주셨었다. 그런데 문제는 나를 어릴 적부터 보셨던 분이시기에 더 다정하게 도움을 주실 거란 믿음으로 내가 원하는 포지션의 구체적인 부분과 기대를 공유하니 '니가? 그 꼬맹이였던 니가 이만큼을 원한다고?'라는 뉘앙스의 굉장히 주관적인 반응을 보여주셨던 기억이 난다. 물론 그분은 기억 못 하실 아주 작은 코멘트였지만 이는 무조건 오래 알았다고 좋은 인연은 아니라는 생각을 하게 된 계기가 되었으며, 작디작은 자존심에 생채기가 제대로 났었다. 반면에, 나를 어릴 때부터 보셨고, 겨우 2년 남짓 함께 일했지만 도움이 필요할 때마다 꾸준하게 나에게 조언해주시고, 좋은 기회를 연결해주시려는 분들도 있다. 한 번은 "제가 어릴 적에 별로 오래 같이 일하지도 않아서 지금 어떻게 일하는지 잘 모르실 텐데, 이렇게 추천해주시다가 나중에 제가 얼굴에 먹칠하게 되면 어떡해요?"라고 물은 적이 있다. 이 분은 나와 비록 일은 짧게 했지만 그동안 오래 알고 지내면서 봐왔던 부분에서 잘할 거라고 믿는다며 실수하거나 떨어져도 되니 먹칠 마음껏 해도 된다고 말씀해주셨다. (먹칠이라고 순화시켜 썼지만 실제로는 똥칠이다.)

또 한 번은 한국에서 마케터를 뽑는데 싱가포르에 있는 나에게까지 연락을 해온 헤드헌터가 있었다. 싱가포르에 어느 회사에 뭐 하는 사람이라고 하면 그 당시만 해도 누구인지 딱 나올 정도로 표본 샘플이 적은 동네였기에, 한국 지사에서 카운터파트로 일하는 분이 연락 와서 갑자기 "너 여기 지원했다면서?"라고 물으셔서 정말 뜨끔 놀랐던 적이 있다. 물론 포지션은 하나이고 비슷한 프로필을 가진 이 사람 저 사람들에게 연락했던 것이겠지만, 한국의 그분에게도 포지션을 제안하면서 "같은 회사 싱가포르에 계시는 분도 관심 보이셨어요"라고 이야기를 했기에 그분은 바로 나라고 알아차렸던 것이었다. 무조건 비밀보장은 기본으로 가져가야 하는 후보자 정보에 대해 그런 식으로 프로페셔널하지 못하게 진행하는 것을 보고 화가 나서 중간에 하차했던 기억이 있다. 이런저런 이유들 때문에 헤드헌터분들과 일하는 것은 사실 굉장히 꺼려지는 일이다. 본인이 찾는 포지션이나 산업군에 대한 충분한 지식 없이 안 맞는데 다짜고짜 밀어붙이는 경우, 그래서 내가 오히려 이 포지션이 어떤 업무를 하는 자리인지 설명하다가 지금 왜 내 앞가림도 못 하면서 이 사람에게 산업 특성을 구구절절 설명 중인 건지 현실타격을 받는 경우, 국제전화까지 매일 해대면서 엄청 강압적으로 진행하다가 그냥 유령처럼 피드백 없이 사라지는 경우 등등 화가 났던 경우가 많다. 그리고 인터뷰 과정만으로도 굉장히 스트레스가 되는데, 그것에 더해 내가 원할 때 딱딱 맞는 기회가 나타나는 것이 아니라 정말 가뭄이듯 아무것도 없다가 타이밍이 오묘하게 여러 가지 기회가 한 번에 와, 이것저것 진행하고 비교하다가 여러 마리 토끼를 놓치기도 했었다. 이런 힘든 과정에 추가적으로 한 단계를 더 검증받듯 헤드헌터분들에게까지 나를 어필하고, 단순히 써 있는 조건 때문에 (특히 한국은 여전히 성별 및 나이, 결혼 여부) 걸러지고 싶지 않아서이기도 하다.

길다면 긴, 짧다면 짧은 경력에 정말 딱 한 번 너무 훌륭했던 헤드헌터분을 만난 적이 있다. 나는 싱가포르에 있는 상황이었고 한국에 있는 프랑스 회사의 포지션이었는데 결과적으로는 디지털에 더욱 특화된 인재를 찾는다고 하여 인터뷰 후 떨어졌다. 100에 95명은 떨어지면 연락을 안 주시기에 떨어졌다고 연락이 와서 너무 놀랐던 기억이 있다. 연락의 끈을 정말 힘겹게도 이어가 주는 나머지 헤드헌터 4명은 내가 과정에 대해 진척 상황을 물어보면 그때서야 굉장히 수동적으로 마지못해 공유를 해줬다. 그런데 이 분은 인터뷰 단계마다 바로바로 국제전화까지 하시며 진행 상황을 알려주셨고, 다 떨어진 상황에서도 내 커리어와 이 포지션의 차이, 그리고 어떤 부분을 더 강화하면 좋을지 등을 한 시간 넘게 설명해주셨다. 딱 그 한 건 같이 진행했었는데 너무 인상 깊었고, 나중에 꼭 같이 일할 수 있는 인연이 되면 좋겠다 생각해서 계속 마음속에 간직하고 있다가 한국으로 돌아온 후 어느 날 내가 만남을 신청했다. 함께 차 한잔을 하며 그 몇 년 전에 진행해주셨던 건 때문에 항상 너무 감사하는 마음을 가지고 있어서 꼭 만나고 싶었다고 이야기했고, 그분은 현재 시장 상황이나 괜찮은 회사를 검증하는 법 등을 공유해주시면서 유익한 시간을 보냈던 기억이 있다. 누군가 헤드헌팅 서비스가 필요하다면 나는 무조건 이분을 추천할 수 있다.

그나마 요즘에는 많은 회사들, 특히 외국계 회사들은 직접적인 지원만 받는 경우가 늘어나면서 대부분 직접적으로 진행하려고 한다. 위에 잠깐 언급했듯 나는 꽤 유명하다는 회사들과도 인터뷰를 많이 봤었는데, 그 많은 회사들 중에 인사부나 담당 팀이 책임감

있게 정말 잘 진행한다 생각했던 회사는 유럽과 미국 두 군데에 본사를 둔 서치엔진 기술을 가진 E 사다. 'Back to the basic'이라고 단지 기본에 충실하여 특별할 것 없이 매 단계의 인터뷰가 지나가거나 끝나기 전에 바로바로 결과를 공유해주고, 정말 그 어떤 장애물 없이 전체적인 과정이 부드럽고 전문적이었다. 모든 단계 후에도 회사의 인터뷰 과정에 대한 피드백을 묻는 연락을 받았을 때, 나는 떨어졌음에도 불구하고 기분 나쁘지 않았던 경험이었기에 굉장히 좋게 피드백을 주었었다. 아주 당연한 기본적인 과정인데 이것을 못하는 회사가 거의 대부분이라고 감히 말할 수 있겠다.

한 스타트업 회사와는 총 13번의 인터뷰를 보았다. 온라인 면접 3번 후, 6시간 동안 8명과 직접 면접, 그리고 또 온라인 면접을 2번 보았는데 이렇게 행주 짜듯이 사람을 짜냈으면 짜낸 만큼의 분석적이고 합당한 피드백이 있어야 하는 것이 아닐까? 그들의 피드백은 나보다 더 맞는 후보자를 선택하였다는 단순한 자동 응답이었다.

지금 다니는 회사를 들어오기 전에 정말 황당한 회사를 경험한적이 있다. 결론을 미리 말하자면 총 3번의 화상 면접에서 바람을 맞았다. 첫 번째로 미리 약속을 잡지 않은 채 급하게 온 즉석 통화로 첫 인터뷰를 하였고, 그다음 회차부터는 화상 면접을 하기로 했다. 그러고는 아무에게도 연락이 없다가 어느 날 왓츠앱(카카오톡과 비슷한 소셜 채팅 앱)으로 모르는 사람에게 연락이 와서 인터뷰를 하자고 했다. 왓츠앱으로 연락 온 것부터가 아주 큰 물음표였는데 우선은 지켜보기로 했다. 첫 화상 인터뷰 15분 전에 이 친구는 미팅이 취소되었다고 했다. 다시 일정을 맞춘 인터뷰에서는 들어온 지 5분 만에 미안하지만 인터뷰를 진행할 사람이 못 들어온다고 했다. 그리고 다시 일정을 잡은 후 인터뷰를 보기로 했는데 아무도 콜에 들어오지 않아 나도 왓츠앱으로 이게 무슨 일이냐 물었더니 시차가 달라서 스케줄을 맞추는 데 어려움을 겪고 있다며 횡설수설했다. 너 말고 다른 사람과 연결해달라고 했는데 그렇다면 글로벌 채용팀이 전화할 거란다. 그럼 지난 2주 동안 나와 이야기했던 너는 누구였던거니? 경력과 경험이 늘어날수록 기대감을 조절할 여유가 조금은 생기기에 얼굴이 빨개질 만큼 화가 날 일은 많지는 않다. 난 이 회사를 통해 여러 번 이런 상황을 겪었고, 여전히 뭐가 어떻게 되고 있는 것인지 몰라 한국에 있는 첫 인터뷰를 했던 지사장에게 전체 인터뷰 과정과 체계가 혼란스러워 문의드린다며 메시지를 남겨 두었지만 답조차 없었다. 여전히 여긴 어디? 난 누구? 이런 상황인데 채근할 에너지조차 사라졌으며 이런 책임감과 개념 없이 일하는 사람들도 따박따박 월급을 타 먹고 있다고 생각하니 화가 참 많이 난다.

적어도 나는 상식이라고 생각하는 시간 약속을 안 지키는 회사는 너무 많다. 정말 이름 대면 누구나 알 만한 업계 1위 회사들에서도 심지어 40분을 늦은 적도 있었고, 인터뷰를 보다가 성희롱 비스름한 발언을 하는 양반들도 봐왔다. 위에 쓴 정리되지 않은 인터뷰 과정을 제외하고 이야기한다면, 사실 싱가포르, 또는 외국의 인터뷰가 내용적으로는 훨씬 건강하다. 정말 나의 경험, 경력, 이런저런 문제를 어떤 방식으로 해결했는지 등 업무 자체에 포커스가 맞추어져 있기에 말 그대로 나의 경험에 대해 잘 풀어놓으면 된다.

그러나 한국의 인터뷰는 아직도 개선해야 할 부분이 있다고 생각한다. 많이 바뀌었다고 하지만 아직도 결혼 여부, 결혼 계획 여부, 아이 이야기 등에 중점을 두고, 나의 경력보다는 그 회사의 이 사람을 아는지를 묻기도 한다. 외국계 회사라고 아주 많이 다르지는 않다. 개인차이기도 한데 기본적으로 후진 마인드를 가진 분이 면접 인터뷰를 진행하면서 '싱가포르에서 오래 살았는데 누구랑 사냐, 혼자 사냐, 밤에 외롭겠다.' 이런 이야기들을 거리낌 없이 한다. 그 회사는 한국에 있는 프랑스 회사였는데 한국 내에서도 성희롱, 성추행의 문제가 많았던 회사로 유명했다. 제발 인터뷰 과정을 진행하거나 직접 인터뷰를 하는 사람들은 본인이 그 회사의 이미지라는 기본적인 사실만을, 그리고 시간 약속 잘 지키기라는 유치원 때 배우는 것들만 잘 숙지하면 좋을 것 같다.

# 33
## 재택근무

사실 핫 데스킹(Hot desking)<sup>*</sup> 시스템은 싱가포르에서부터 익숙해져 있었기 때문에 새삼 어색할 것은 없었다. 2008년 처음 싱가포르에서 업무를 시작했을 때만 해도 6명마다 쪼개져 있는 큐비클이 있었고, 개인의 책상마다 독립적인 공간처럼 칸막이가 높게 설치되어 있었다. 그때는 사실 싱가포르에서 업무를 시작한 지 얼마되지 않았기 때문에, 다른 팀원들과 같은 큐비클 안에 앉아 있어도 그 책상마다의 벽을 넘어 친하게 지내지를 못했다. 몇 년 되지 않아 사무실은 전체 공사에 들어갔고, 회사의 여러 캠페인 중 하나였던 'mobility'(이동성) 와 'productivity'(생산성)를 위해 핫 데스킹이라

---

* 본인의 지정석 없이 매일 앉고 싶은 자리에 자유롭게 앉는 시스템으로 주로 책상에 큐비클이 없고, 큰 오픈 테이블로 이루어져 있다.

는 제도를 도입했다. 처음에는 고등학교 때처럼 작은 개인 사물함을 배정해주고, 머그컵 하나조차 둘 지정석이 없는 시스템이 어색하고 불편하게만 느껴졌다.

그런데 궁극적으로는 외근이 많은 영업 부서나 방을 따로 가지고 있던 높으신 분들의 자리를 활용하여 더욱 비용절감을 할 수 있게 되었고, 재택근무로 자연스레 넘어갈 수 있는 분위기가 되었다. 중요한 미팅이 있거나 꼭 만남이 필요한 경우 미리 약속을 잡았고, 그 외 한 주에 1~2번의 재택근무는 당연한 흐름이 되었다. 초반에는 나의 물건 하나를 둘 곳이 없다는 불편함과 개방된 큰 테이블이 부담스러운 느낌이 있었다. 누군가가 계속 나의 모니터를 지켜보며 일거수일투족을 보고 있는 느낌이랄까? 그러나 이 시스템이 정착되고 이에 익숙해지면서 굉장히 간단하고 편리하게 느껴졌고, 일주일에 하루 이틀은 적어도 출퇴근의 번거로움을 신경 쓸 필요 없이 하의는 잠옷 차림으로 일을 할 수 있다는 생각에 심적으로 더욱 안정되고 편해졌다. 재택근무에도 득과 실이 있겠지만 나는 당연히 득이 더 많다고 생각하는 사람 중 하나이다. 기본적으로 출퇴근 시간 및 준비시간의 절약, 유연성 있는 하루의 구성이 그것이다. 특히 가족이나 아이에 관련된 일이라면 일정하게 정해진 시간보다는 자유롭고 유연하게 업무시간을 사용하기 선호하는 사람들이 많기에 이는 너무나도 필요한 제도일 것이다. 회사에 출근해서 마음에 없는 사교를 해야 하고, 같이 담배 또는 커피 브레이크를 해야 사회성을 갖춘 사람으로 인정받는 것 같은 부담감을 전체 업무시간에서 제외한다면 집에서 일하는 제도는 꽤 합리적이라고 생각한다.

물론 아직도 간혹 집에서 일하는 것을 게으름 부리며 노는 것이라고 생각하는 사람들도 있다. 개인적으로 이런 사람들은 딱히 해야 할 일이 없거나 상대적으로 한가한 스케줄을 가진 사람들이라 감히 말하겠다. 외국계, 그리고 자유로운 IT 회사의 특성상 보기에는 정시 퇴근을 하는 듯, 퇴근 후나 휴일에는 전혀 업무를 하지 않는 듯 보이지만, 말 그대로 IT 회사이기에 거의 24시간 내내 메일 체크를 하며 기기와 한 몸이 되어 있곤 한다. 생산성을 위해 하는 재택근무인데 오히려 핸드폰이나 노트북의 화면에서 눈을 떼지 못하는 시간이 더 늘어나는 것이다. 그래서 단단히 마음먹고 연습을 통해 업무에 우선순위를 두고, 정말 중요하고 당장 몇십억이 날아가는 일이 아니라면 의식적으로 봐도 못 본 척, 눈으로 스캔만 하고 넘어가려고 노력했었다.

내가 한국으로 돌아와서 일했던 회사는 미국회사로 한국에서는 처음으로 비즈니스를 시작하는 스타트업 느낌이지만 스타트업 분위기는 아닌 회사였다. 참 신기했던 것이 같은 회사의 다른 나라 사람들은 너무나도 자유롭게 재택근무를 하는데 한국은 그렇지 않았다는 것이다. 심지어 점라인으로 이루어진 조직이라 각자의 매니저가 다 외국인이었고 그들은 재택근무라는 혜택을 당연하게 누리고 있는데, 한국에서는 그렇게 못한다는 것을 이해할 수 없어서 나는 매니저에게 미리 이야기를 하고 매주 금요일마다 일부러 더 꼭 집에서 근무를 했다. 나의 매니저도 아닌 어떤 한국팀 사람은 매주 금요일마다 나에게 전화해서 무엇을 하는지, 왜 아이도 없는데 재택근무를 하는 것인지 전화해서 따져 물었다. 구성원들의 특성상 당연히 뒤에서 이야기하는 사람들도 있었겠지만, 나는 모두가 누리는 혜택을 '한국인'이라고 못 누리는 것이 바보 같다고 생각을 했다. 회사를 퇴사하기 전까지도 나는 홀로 재택근무의 장점을 새로 들어온 후배 동료들에게 권장해왔다. 아예 그런 제도가 없으면 모를까 '한국'에서 일하기 때문에, '한국은 문화가 달라서' 다른 모두가 누리는 혜택을 보지 못하는 것은 너무나 불공평하다.

재택근무를 하다 보면, 심지어 정말 일이 많을 때는 아침 6시 반에 눈을 떠 잠깐 메일 확인만 하고 더 자야지 하다가 저녁 6시까지 점심도 제대로 못 먹고 일한 적도 많다. 그만큼의 집중력과 생산성을 발휘할 수 있었고, 그 시간을 회사에서 보냈다면 여러 종류의 '사교 시간' 및 '검열' 때문에 그러지 못했을 것이다. 앞에서 에둘러 표현했듯 재택근무의 중심은 책임감이다. 내가 할 일이 확실하고, 정해진 시간 안에 마무리를 하고 싶다는 책임감이 있다면 너무나도 많은 순기능을 가진 제도이지만, 기본 성향이 게으르고 아직은 그런 부분이 마인드적으로 정립되지 않는 상태에서는 달콤하지만 건강에는 좋지 않은 군것질이 될 수도 있다. 오전 10시에 업무를 시작해서 중간에 점심과 요가를 갔다가 교통체증을 피해 집으로 가야 하기에 오후 3시부터는 이메일에 답을 하기 힘들다는 사람도 경험했다.

2020년도에 전 세계적으로 코로나 19가 유행하면서 많은 회사들이 재택근무를 할 수밖에 없는 상황이 되었다. 10여 년 전부터 경험했던 재택근무에 대해 이제 와서 순기능, 역기능을 논하는 것이 재미있기도 하지만 이제라도 변화에 대해 받아들이는 기회가 된 것 같아 좋다. 새로 일하고 있는 직장에서는 첫날부터 지금까지 매일 재택을 하고 있고 나름의 장단점이 있는데, 그래도 나는 장점이 더 많다고 생각한다. 심지어 아직 한 번도 직접 만나지 않은 동료들인데 팀워크나 협업은 그동안 경험할 수 없었던 만큼의 에너지가 넘치고 즐겁다. 눈에 안 보인다고 일을 안 하는 것이 아니다. 이제는 듣기만 해도 징글징글한 코로나 19이지만, 이의 거의 유일한 순기능이라고 생각하는 재택근무만큼은 부디 많은 회사에게 직원들에 대한 통제 대신 믿음과 신뢰, 책임감을 심어줄 수 있는 기회가 되기를 바란다.

# 34
## 매니저

    싱가포르 생활 초반 2~3년 동안은 아무래도 언어, 그리고 문화적으로 이래저래 자신감 결여되어 있었다. 또 회사에 워낙 연륜 있는 경력자분들이 많아서 좀 더 주눅이 들어 있는 경향도 있었다. 얼마 전에, 그 시절에 나 스스로를 평가해서 1년간의 업무 수행 평가 때 사용하려고 만들었던 자료를 발견했는데 혼자 읽다가 꽤나 놀랐다. '내년에 내가 개선시켜야 할 부분'에 "다른 사람들에게 내가 하는 일에 대한 Visibility(가시성)와 나 스스로의 자신감을 높인다"라고 써 있었기 때문이다. 지금도 나서서 무언가를 하는 편은 아니지만 그래도 나름대로 주체적으로 일을 진행하고 정리하는 편이라 새삼 놀랍게 느껴졌으며, 그 시절의 내가 정말 내성적이었던 것에 대해 다시 한번 되돌아보는 계기가 되었다. 싱가포르에 있으면서는 총 4명의, 내 인생에서는 총 6명의 매니저를 경험해보왔다.

우선 내가 처음 회사에 입사했을 때 나의 매니저는 우리 부서 상무님이었다. 상무님은 항상 사람에게는 세 가지 복이 있는데 이는 "부모님 복, 남편 복, 그리고 매니저 복"이라고 하셨었다. 거기에 매니저가 들어 있어서 그 당시에는 굉장히 의아하게 느껴졌었는데, 적어도 계속 커리어를 가져가고 싶고 또 이런저런 사람들을 만나볼수록 저 말씀이 어쩌나 정답이었던지 싶다. 아무래도 그 당시 어린 친구들이 없고 난 갓 대학을 졸업한 24살이었으니 삼촌 같은 마음으로 예뻐하셨던 것 같다. 또 더 이상 주니어가 아닌 현재의 내 입장에서 생각하면, 진짜 개념 상실한 나의 당돌함도 좋게 봐 주시고 나의 이야기를 들어주시려고 노력하셨다. 나는 내가 원하는 것에 대해 직접적이고도 맹랑하게 요구하고, 안 되면 왜 안 되는지, 잘했으면 뭘 잘했는지, 심지어 내가 잘하는 것 세 개, 단점 세 개를 알려 달라며 피드백을 요구했었다. 그 나이에 개뿔 아무것도 모르면서도 누울 자리를 보고 다리를 뻗는다고, 예쁨받는 것을 알기에 스스로 기고만장한 행동들이었다. 지금 나에게 과거의 나 같은 애가 와서 그런 식으로 이야기한다면 나는 정말 당황스러울 것 같다.

내가 싱가포르에 지원한 것에 대해 결과가 어떻게 될지 모르기 때문에 우선은 다른 사람들에게는 이야기하지 않았다. 그때 나는 비밀이라고 생각했지만, 지금 생각하면 그 무지함과 순수함이 부끄럽다. 다 내가 잘해서 오게 되었다고 생각했었는데, 꽤 시간이 지난 어느 순간 어느 찰나에 '내가 잘해서 온 것이 아니구나, 주위에서 알게 모르게 다 도와주셔서 내가 이 자리에 오게 된 것이구나' 하고 이마를 '탁' 치듯 생각이 든 적이 있었다.

2008년 그 당시는 모두가 2G 폰을 사용하던 때였다. 앞서 이야기했듯 처음 싱가포르에 도착한 날, 나는 우여곡절을 겪으며 겨우 첫 숙소에 들어갈 수 있었다. 한국에서 사용하던 핸드폰을 가지고 왔는데 연결이 되는 순간 화면에 상무님에게서 온 문자가 보였다.

"항상 먼저 다가가는 사람이 되시길…."

지금도 새로운 상황이 펼쳐져서 어색하고, 그로 인해 내가 소심해지려는 순간, 항상 떠올리는 문장이다.


싱가포르에서는 여러 매니저와 일을 했었지만 단연코 내가 사랑한 매니저는 3년 반을 함께 일한 자비에이다. 프랑스 사람이고 한국 팀에서 봉쥴이라고 부르다 보니 나도 그게 입에 붙어버렸다. 외국에서 일하면서 좋은 것은 매니저와의 관계가 한국에서처럼 수직적이지 않다는 것이다. 어떻게 지내는가에 따라 친구가 될 수도 멘토가 될 수도 있고, 가족이 될 수도 있으며, 또 그냥 스쳐 지나가는 관계가 될 수도 있다. 봉쥴이는 기본적으로 굉장히 다정하고 친절한 사람인데 몇 번에 걸쳐 나에게 굉장히 감동 준 적이 있다. 그와의 첫 통화는 어느 날 오후 7시, 당연히 퇴근을 한 시간이었다. 나의 매니저가 앞으로 봉쥴이로 바뀔 것이라는 소식을 들은 상태였는데 갑자기 모르는 번호로 전화가 왔다.

"안녕 혜진, 나 자비에야. 너와 함께 일하게 된 사람이야. 앞으로 너와 잘 지내고 싶어 인사하려고 전화했어." 등의 이야기를 하고 끊었는데 '뭘 이런 거로 퇴근 시간 후에 전화하지?' 황당한 기분이었다.

프랑스 사람들 특유의 윙크, 미소, 울랄라 농담을 섞어가며 항상 파이팅을 외쳤던 봉쥴이가 어느 날 점심을 먹자고 했다. 하필 평소에 몇 없는 점심 약속이 있는 날이라 선약이 있다고 했는데 "에이 우리 처음 같이 먹는 거니까 그 약속 취소하면 안 돼?"라며 적극적으로 이야기하는 통에 약속을 취소했고, 시간이 흘러 점심시간이 되었다. 그 당시 우리 부서 인원은 약 25~30명 정도였는데, 특이하게도 아시아 태평양 지역과 관련도 없는 프랑스에서 온 팀원들이 반은 되는 상황이었다. 나는 이제나 나가나 저제나 나가나 기다리고 있는데 다른 프랑스 동료 2명이 우리 매니저에게로 다가오더니 무어라 농담을 하고 까르르 웃으며 이야기한다. 알아듣지는 못했지만 불현듯 불길한 느낌이 들었다. 아니나 다를까 3명이 수다를 떨다가 다 같이 나가는 것이었다. 그렇다. 그들은 다 같이 점심을 먹으러 나가버린 것이다. 나는 너무 황당하고 화가 나서 그대로 점심을 굶고 기다렸다. 그때만 해도 '그럴 수도 있지 껄껄' 하며 웃어넘기는 여유 없이 겨우 입을 떼어 말을 하던, 수줍게 생존에만 충실하던 시기였다. 봉쥴이는 한참 후 아무 일 없다는 듯이 룰루랄라 웃으며 들어왔다. 정말 아무렇지 않게 "혜진! 별일 없었지? 잘하고 있지?"라면서 말을 거는데 난 낯빛이 회색이 되어 정색하고 "응." 한마디 후 말을 이어가지 않고 일만 했다. 3시 정도가 될 때까지 쪼록 굶다가 화가 나서 "나 뭐 좀 먹고 올게. 네가 같이 먹자고 해서 약속도 취소하고 기다렸는데 너희끼리 먹으러 갔더라? 그래서 난 아직 못 먹었어. (일부러 안 먹었어.) 지금 당장 나 필요한 급한 일 없지?"라고 더 당당하게 이야기했다.

그 이야기를 들은 봉줄이는 안절부절못하면서 "오마이 갓 왜 말 안 했어, 나 완전 까먹었어. 오마이 갓"을 외치며 "같이 먹으러 갈까? 나 따라가고 싶어 제발"이라며 엄청 미안함을 내비쳤다. 난 끝까지 못되게도 일부러 더 "아니 됐어, 혼자 갈 거야" 하고 나가버렸다. 대충 지하에서 먹고 올라오는데 에스컬레이터 앞에 봉줄이가 이곳저곳을 기웃대며 왔다 갔다 서성이고 있는 것이었다. 내가 에스컬레이터에서 올라오는 것을 보더니 다가온다. 그의 손에는 쇼핑백 하나가 들려 있었다. 의아하게 바라보니 자기가 너무 미안하다면서 마음을 받아주면 좋겠다고 했다. 못 이긴 척 받아들고 사무실로 올라와서 열어본 쇼핑백에는 새로 산 와인 한 병과 카드가 들어 있었다.

"네가 우리 팀에 있어서 너무 행복하고 좋아."

예의상이었건, 마음을 풀어주기 위한 임기응변이었건, 그 카드를 보고 나의 좁은 마음이 눈 녹듯 녹아내렸다. 매니저, 상관, 보스, 어떻게 생각하면 굉장히 수직적인 관계에 있는 사람이 나를 달래기 위해 하는 제스처들이 생소하고도 달콤했다. 다른 문화였다면 애초에 군이 매니저와 밥을 먹겠다고 선약을 취소하지도, 점심이 취소되었다고 화가 나지도, 내가 화가 났다고 누가 크게 신경 써주지도 않았을 것이 분명하기 때문이다.

그 이후로 우리는 서로 서운한 부분에 대해 솔직하게 공유하기로 하고, 큰 행사를 마무리하거나 한 해 마감을 할 때는 항상 풀러턴 호텔에서 점심 식사와 와인을 즐기며 되돌아보는 시간을 갖는 전통을 만들었다.

우리 회사는 분기에 한 번씩 전체 팀 미팅을 했었다. 마케팅 부서 인원은 총 25~30명 정도 되었는데 미팅의 내용이 워낙 높으신 양반들에 편향되어 있기도 했고, 무언가 있으면 안 될 자리에 있는 느낌에 나는 자주 참석을 하지 않았다. 한국과는 다르게 이러한 올핸즈 미팅은 참석을 권장은 하지만 기본적으로 자유 의지에 맡기는 편이었다.

한 번은 봉줄이가 3주간 푸껫으로 휴가를 가게 되었다. 휴가를 가서도 계속 한 번씩 회사 채팅을 통해 말을 걸면서 데이터 베이스는 잘 돌아가고 있는지 이런저런 체크를 하기에 다 잘되고 있으니 제발 그만 좀 연락하고 휴가를 즐기라고 했다. 그가 없는 동안 분기 팀 미팅이 있었는데 마침 매니저도 없겠다 나는 당연히 참석하지 않을 생각을 하고 있었다. 미팅 전날 또 말을 걸어 "내일 미팅 갈 거야?"라고 묻기에 나는 "아니 별로"라고 얘기했고, 그는 꼭 자기 대신 우리 팀을 대표해 참석하면 좋겠다고 당부했다. 나는 계속 주저하며 가고 싶지 않다는 분위기를 내비쳤고, 이 분은 미팅 당일 아침 또 전화까지 해서 제발 미팅에 참석하면 좋을 것 같다고 나를 설득했다. 심지어 우리 부서의 팀 관리를 도와주시는, 내가 싱가포르 엄마라고 부르는 동료에게까지 날 꼭 미팅에 데려가라고 부탁해둔 상황이어서 더 이상 어쩔 수 없이 미팅에 참석했다. 한 번씩 visibility(가시성)나 성과를 나타낸 직원에게 포상을 주기도 했었는데, 봉쥴이는 나 몰래 서프라이즈로 나를 추천했던 것이었고, 내가 가기 싫어하는 것을 알고 계속 걱정스레 나를 꼭 미팅에 참석시키고자 압력을 넣었던 것이었다. 나는 얼떨결에 미팅에 참석해서 업무에 대한 팀 어워드를 받았다. 이 두 가지 사건은 아직도 나의 마음 속에 너무도 깊이 남아 있는 에피소드이다. 단순히 무엇을 받아서가 아니라 내가 무엇이 부족하고, 나를 어떻게 발전시킬 수 있는지 항상 따뜻하게 살펴주는 매니저를 경험할 수 있었다는 행복감과 감사함 때문이다. 내가 한동안 많이 심적으로 힘든 적이 있었는데, 내 얼굴을 몇 날 며칠 살피다가 "비행기 표 끊어줄게, 한국 다녀올래?" 라고 말해주던 사람. 애인도, 친구도, 가족도 아닌 그 험난한 사회생활에서 만난 든든하고 따스한 인연이었다.

봉쥴이를 만나고 내 인생을 너무 바빠졌다. 일은 이전의 다섯 배로 늘었고 이 팀 저 팀이랑 다 연결해서 일하라는 통에 미팅과 컨퍼런스 콜의 수는 기하급수적으로 늘어났다. 그런데 이 사람, 나에게 기회라는 것을 준다. 같은 일도 더욱 크고 넓은 시선으로 볼 수 있는 경험과 안목을 주고 있다.

항상 웃어주어 좋고, 업무적으로 장기적인 계획을 가질 수 있도록 나를 트레이닝하고, 나의 일에는 '그래 최선을 다해 볼게'라고 말만 하는 것이 아닌 정말로 본인의 한계 내에서 모든 것을 노력하여 나를 위해 얻어내준다.

100점 만점에 90점 매니저이다. 마이너스 10점은 위에서 느꼈듯이 좀 많이 덜렁댄다. 신용카드와 지갑을 한 세 번 정도 주워다 주었고, 가끔은 미팅에 늦어서 어디냐, 언제 오냐는 문자를 개인 비서가 된 듯 보내주어야 한다. 창의적이지만 현실성은 적은 이야기를 하면서 "why not(왜 안돼)?"을 외쳐 '그래, 해보면 되지. 해보자'라는 긍정적인 생각을 심어준다. 비록 정말 실행이 힘든 문제일지라도 적어도 '우리가 해보면 되지'라는 신선한 마인드를 가지고 있는 우리 봉줄이. 너무 좋다. 이렇게 좋은 기분은 굉장히 오랜만이다. 같이 일하는 것이 좋고, 배우는 것이 좋고, 토론하는 것이 좋고, 언젠가는 나도 누군가에게 이런 사람이 되고 싶다. '저 친구랑 꼭 같이 한번 일해보고 싶다'에서 '저 친구' 말이다.

그 시절부터 나는 내가 다른 사람들에게 에너지를 주는 사람인지 받는 사람인지, 어떻게 큰 그림을 볼 수 있어야 하는지 배울 수 있었다. 나는 지금도 그를 생각하면 피식피식 웃는다. 그 후로도 내가 이직을 할 때마다 항상 성심성의껏 레퍼런스 체크를 해주고, 그렇게나 메시지 또는 메일 확인을 하지 않더라도 메일 앞에 'SOS'

만 붙여 부탁 메일을 보내면 바로 답변을 해주며, 내 커리어 생활에 계속 빛이 되어주는 분으로 남아 있다. 물론 좋았던 매니저만 있었던 것은 아니지만, 굳이 이 글에 때를 묻히고 싶지는 않아 그에 대해서는 쓰지 않기로 했다.

# 35
## 동남아 순회공연 전문

2014년 5월

작년 7월부터 나의 업무 범위가 기업 고객을 대상으로 한 이벤트 분야로 바뀌고 나서도, 막상 인터뷰를 보면 항상 현장 경험이 부족한 것이 아쉽게 느껴졌다. 그냥 지나가는 말로, "이러이러한 부분이 좀 부족한 것 같아. 나도 어릴 때 현장 경험을 더 했으면 좋았을 것을."이라고 했던 말이 씨가 되어 봉쥴이는 "그래? 하나 할까?"하더니 당장 일주일 남은 아시아 인사 써밋(Asia HR Summit)에 스폰서십을 하자고 한다. 마지막 예산의 자투리를 사용해버리려 했던 것이다. 기본적으로 나는 어느 정도 계획을 세우고 실행하는 것을 좋아하는 편이라 눈앞이 아찔해졌다. 내가 싫어하는 막판 덤핑 처리. 참고로 마케팅 부서에서 엔터프라이즈, 즉 기업 마케팅팀은 나와 봉쥴이 둘이다. 이 뜻은, 잡일은 내가 다 해야 한다는 뜻이다.

나름 연륜 있으신 분이 벤더 비용 처리하는 것을 그냥 보고 있기는 성격상 힘들기도 하다. 항상 에이전시가 맡아서 처리해주거나 중간에 리뷰만 하다가 직접 하려니까 행사 주최자, 행사 부스 만드는 시설업체, 그 안에 들여놓아야 하는 가구 업체, 음료 업체가 다 다르다. 우리 회사는 구매팀 입장에서야 훌륭한 툴과 리소스, 시스템을 가지고 있지만, 사용자 입장에서는 엄청 프로세스도 느리고 까다롭기 때문에 벤더 업체 등록이 되어 있지 않은 회사와는 거의 일을 하지 않고, 하려면 몇 달에 걸친 굉장한 서류작업과 시간 낭비에 시달리게 된다. 어쨌건 둘이 머리를 맞대고 앉아 조명을 한 개 할까, 두 개 할까, 세우는 것으로 할까, 위에서 쏘는 것으로 할까, 정수기 물은 몇 병을 시키나 하다가 프렌치 특유의 취향으로 샴페인까지 5병 하잔다. 그래, 좋을 대로 해보자. 그러다가 이 땅콩을 하냐, 저 땅콩을 하냐 고민하길래 "하하 장난하냐… 하하." 이러고 나중에 주문서를 봤더니 진짜 땅콩과 감자칩까지 주문을 해두셨다.

어쨌건 이래저래 행사 4일 전에 서류를 등록하고 행사 참석이 확정되었다. 월요일과 화요일, 이틀에 걸쳐 진행되는 행사이기에 일요일에 가서 부스가 잘 세워지는지, 주문한 땅콩들이 잘 도착하는지 봐야만 했는데 행사 장소에 도착해서 본 광경은 정말 난감했다. 그냥 철 구조로 뼈대만 세워둔 부스가 덩그러니 있었던 것이다.

답답한 마음에 나가서 커피 한잔을 사오니 다행히 벽 뒷면에 판넬은 설치가 되어 있었고 봉줄이도 도착해 있었다. 문제는 내가 실수로 중복 주문해버려 18리터짜리 정수기 생수통이 2통이 아니라 6통이 왔다는 것이다. 가구를 세팅하고 샴페인과 땅콩까지 정리 후 기기 테스팅까지 완료!

그나마 이 행사에서 기대했던 것은 내가 유일하게 열심히 시청한 〈어프렌티스 아시아(Apprentice Asia)〉에서 1위를 한 조나단이 무대에 올라 기조연설하는 시간이었다. 〈어프렌티스 아시아〉는 2013년에 방송되었던 리얼리티 쇼인데 아시아 태평양 각지에서 모인 인재들이 한 회사 CEO로부터 미션을 받아 수행하고, 이를 기업의 CEO를 포함한 고위직 팀들이 평가해서 매 주 한 명씩 퇴사시키는 내용이다. 2004년부터 방영한 미국판에서는 도널드 트럼프가 심사위원으로 나왔는데 매 에피소드 마지막에 근엄한 목소리로 "You are fired!(너는 해고야!)"라고 외치는 형식이 인기를 끌면서 쇼가 유명해졌다. 아시아 버전도 이 프로그램에서 상징적인 '너는 해고야!' 부분을 그대로 따라간 것 같다. 이번에는 에어 아시아 항공사의 토니 페르난데스라고 하는 CEO가 수련생들을 심사하는 역할을 하고, 최종적으로 뽑힌 사람은 에어 아시아에 고용된다.

나는 1회부터 끝까지 봤기 때문에 은근히 연예인을 만난다는 기분으로 연설을 들었는데 역시 될 친구들은 뭐가 달라도 다르다. 27살인가 28살인 이 젊은 친구는 이 쇼에서 1위로 뽑히고 나서 에어 아시아에서 마케팅 총괄로 일하게 되었다. 똑똑하고 떡잎부터 다른 친구들은 뭘 해도 다르다. 난 저런 생각을 못 했을 텐데 대단하다 싶다가도 아직 젊어서 그런지 자신감과 오만함의 경계에 있어 보이기도 했지만 난 그런 모습이 좋아 보였다. 조나단의 발표가 끝나고 수줍게 부탁하여 사진도 한 장 남겨두었다.

아무래도 막판에 준비한 행사라 다른 팀들과 입맞춤이 덜 된 행사였다. 심지어 인사 써밋에서 발표를 한 같은 회사 인사부 직원도 행사 부스에 들르지 않고 그냥 가버렸다. 소셜 플랫폼에 올린 '샴페인 한잔하러 우리 74번 부스에 들러주세요~'라는 문구에 응답이 많지 않아 우리끼리 샴페인을 열어 앞 부스, 뒤 부스 나누어 주며 파티를 했다.

샴페인과 함께하는 행사 부스

그래도 전체적으로 처음 해보는, 평소 회사의 그것과는 다른 소박한 행사에서 많은 경험을 했고, 현장에서 사람들이 우리에게 무

190

엇을 원하는지 듣고, 우리가 어떻게 해줄 수 있는지 생각할 수 있었던 귀중한 기회였다.

업무적으로 C 레벨*을 위한 행사를 진행할 기회가 여러 번 있었다. 싱가포르의 F1 자동차 레이싱 경기를 진행하는 팀 중 한 팀이 우리의 고객사였는데, F1 시즌이 되면 우리는 그 팀을 통해 회사에서 제공하는 솔루션이 비즈니스에 영향을 미치는 가치(밸류)를 기업의 CEO들에게 전달할 수 있는 기회를 만들어 왔다. 레이싱 팀과 만나 비즈니스 사례도 함께 이야기하고, 경주가 진행될 때에 함께 모여서 구경하며 즐길 수 있는 패독(paddock)의 VIP 라운지에 초대되어 직접 레이싱을 가까이 볼 수 있는 특별한 기회였기에 매년 오고 싶어 하는 CEO들이 많았지만, 우리는 아시아 전 지역에 걸쳐 딱 7~8명의 VVIP만 정중하게 초대하고는 했다.

기억에 남지만 아쉽게 취소되었던 행사 중 하나가 있다. 회사의 CEO가 본사인 미국에서부터 싱가포르를 방문하기로 하여 아시아의 VIP 고객들과의 저녁 만찬을 준비하는 행사였는데, CEO 자체가 브랜드이고 VVIP이다 보니 정말 초 단위로 일정과 노선, 이동 경로를 짜야 했었고, 워낙 극비리에 진행되는 터라 위에서도 일정을 미리 공유해주지 않는 어려움이 있었다. 장소 섭외와 초대장까지 다 만들어두고 막판에 일정이 취소되어 허탈함과 동시에 아쉬웠

---

* CEO, CIO 등 회사의 경영, 또는 기술을 책임지는 관리자 레벨

던 기억이 난다.

내가 인터뷰를 보면서도 가장 자랑하고 싶거나, 기억에 남는 프로젝트를 물어볼 때 이야기하는 것은 2014년 진행했던 CIO 포럼이다. 아시아 태평양 전 지역에 걸쳐 200명이 넘는 C 레벨의 고객들을 초대하여, 우리도 모 회사의 유명한 심포지엄처럼 회사의 시그니처 행사를 만들어보자 야심 차게 준비했던 3일간의 행사였다.

6개월 넘게 준비를 하며 거의 1년의 예산을 다 투자하여 아파트 한 채 값을 들인 행사였는데, 무엇보다도 그동안 해왔던 여러 다른 조각들의 마케팅을 처음으로 통합하여 진행할 수 있었던 너무나도 소중한 경험이었다. 내가 좋아하던 봉쥴이가 행사를 준비하는 도중 미국 본사로 가게 되어 후임으로 온 분과 이어서 일하며 회사 생활의 극과 극을 맛보기도 했고, 지나고 보니 개인적으로도 성장할 수 있었던 많은 배움이 있던 경험이었다. 기본적으로 모든 회사에서는 하나의 메시지를 내보낼 때 당연히 다양한 채널을 통해 동일한 목소리를 내기를 원한다. 굉장히 교과서적인 이야기인데 현실에서는, 특히 조직이 크고 복잡한 회사에서 이 당연한 일을 이루어 내기는 거의 불가능이다. 마케팅 팀뿐만 아니라 대부분의 부서에 따로 마케터가 있어 부서마다의 우선순위가 다르고 각각 다른 주머니에서 예산이 나오기 때문이다. 쉽게 말해 '사공이 많아서'라고 할 수 있겠다. 준비 기간과 예산이 중요했지만, 무엇보다도 각각의 메시지와 채널을 통합하기 위해 수많은 팀을 설득하고 끌어들여 함께 진행했

다. 'Reimagining in the digital age'(의역: 디지털 시대에서의 재도약)라는
슬로건 아래 소셜 플랫폼과 뉴스 미디어, 웹사이트, 온라인 설문, 비
디오 및 발표 콘텐츠, 행사에서의 고객 경험 등을 하나의 메시지로
브랜딩하였고, 디지털 트랜스포메이션, 즉 디지털 혁신이라는 것이
단순히 기술적으로 시스템을 업그레이드하고 비즈니스를 디지털화
하는 것뿐만 아니라, 이를 통해 우리 생활과 그에 대한 가치가 변화
해 가면서 자연스레 그러한 차세대에 발맞춰 살아갈 수 있도록 준
비해야 한다는 내용을 전달하였다.

　중간에 매니저가 바뀌며 한동안 매일 지하철을 타고 가는 퇴근
길에 울기도 했었고, 악몽인듯 악몽 아닌 놓아지지 않는 업무 꿈은
기본이었으며, 무엇보다 마지막 행사 날 뒤풀이 후 허탈함과 공허
함에 내가 현장 뒤에서 갑자기 통곡했는데 오히려 새로 온 매니저
보다 처음부터 함께해 온 우리 마케팅 에이전시 직원들이 이해하고
달래주었다. 우여곡절을 거쳐 결과적으로 79:1이라는 ROI(Return
on Investment, 투자 대비 성과)를 낸 성공적인 프로젝트였다. 지금도 다른
회사 인터뷰를 하다 보면 가장 기억에 남거나 성취했다고 생각하는
프로젝트를 설명해달라고 할 때 이 APAC CIO 포럼에 대해 공유
한다.

# 36
## 멘토링

멘토링이라는 말과 개념은 예전부터 널리 알려져 있다. 하지만 개개인의 일정이 바쁘고 타인에게 각박해지는 현실에서 정말 누군가의 멘토로, 멘토링을 받는 멘티로 관계를 유지하는 것은 멘토링이라는 단어가 보편화돼 있는 것만큼 쉽지는 않다. 나는 사회생활을 하면서 다양한 사람들을 많이 만났다고 생각해 왔지만, 또 다른 새로운 세계를 접하고 소위 말하는 비슷한 직장인의 부류가 아닌 사람들을 만날 때면 나를 놀라게 하는 신선한 자극과 다양한 색깔을 가진 그들로 인해 눈과 뇌, 그리고 귀가 즐겁기도, 때로는 스트레스를 받기도 한다.

그중 내가 굉장히 좋아하고 멘토로 삼고 싶은 ─나는 개인적으로 삼았다고 생각되는 분─이 있다. 첫 회사 생활을 시작했을 때 나의 직간접적인 사수였던 분으로, 처음 진행하던 마케팅 프로그램을 잘 끌어나갈 수 있도록 가르침을 주셨던 분이다. 좋아하게 된 계기는 사실 굉장히 실없는 이유였다. 어느 날 전체 미팅을 하는 자리에서 한 상사분이 이 멘토분의 셔츠를 지적하면서 "옷 좀 다려서 입고 다녀라"고 우스갯소리를 하신 적이 있다. 그게 나였다면 당연히 사회초년생이었기에 굉장히 얼굴이 빨개지거나, 어디 가서 창피함에 울거나, 그 이야기를 한 상사를 영원히 싫어하고 욕했을 것이다. 그런데 이 분, 그때 당시 나이가 삼십 대 초반이었는데 너무나도 여유 있게 "요즘 이게 역삼동에서 유행하는 스타일이에요~"라고 웃으며 넘기시는 것이 아닌가?

그때만 해도 젊은 분이 훨씬 연배가 많은 상사에게 그렇게 대답하며 넘기는 여유는 찾아보기 힘들었던 시절이라 이 모습이 굉장히 멋있어 보였고, 처음으로 '나도 저렇게 되고 싶다'라고 생각했던 것 같다. 함께 진행하던 마케팅 프로그램은 너무나도 즐거웠고, 다른 팀들과 협업을 하면서 얽힐 수 있는 부분도 너무나 재치 있고 프로페셔널하게 풀어가는 모습을 보며 많이 배웠다.

시간이 흘러 나는 싱가포르로, 이 분은 결혼 후 미국으로 MBA를 하러 떠나셨는데 각자 위치한 곳에서도 연락을 이어가며 미국으로 크리스마스 카드를 보내기도 했었다. 세월이 흘러 우리는 비슷한 시기에 다시 한국에서 만나게 되었다. 현재 스타트업 벤처 투자 분야의 일을 하고 계시는데 이분을 만날 때마다 큰오빠를 만난 듯이 회사 이야기, 업무 이야기, 하고 싶은 것, 고민 등을 털어놓고, 나에

게는 새로운 분야인 스타트업 동향에 대한 이야기도 듣는다. 가끔
은 대화를 하면서도 스스로 '아… 얼마나 듣기 피곤하실까? 얼마나
많은 이들이 자신들의 고민을 이분에게 털어놓을까?' 하며 후회를
하기도 한다. 그럴 때마다 너무도 명쾌하게 "이런 고민들 자체가 당
연히 해야 하는 것인데 많이 하지 않는, 너무나 건강한 고민들이다"
라고 격려해주신다. 한국으로 돌아와서 새로운 직장을 알아보던 시
기에 몇몇 회사를 소개해주시기도 했었다. 사실 짧지 않은 시간 동
안 사회 구성원으로 지내면서 '내가 도와줄게, 언제든지 연락해'라
고 말하는 사람들은 정말 많이 만나왔다. 그러나 정말 좋은 기회가
왔을 때, 아니면 백 번 고민 후 어렵게 도움을 청할 때 흔쾌히, 또
는 자진해서 내 일처럼 도와주시는 분들은 많지 않았고, 오히려 어
릴 때의 내 모습만 기억하시고 지금의 나를 봐주지 않는 경우도 있
었다. 결과적으로 물어보지 않고 스스로 해결하는 것이 더 나았을
뻔한 적도 많았는데, 모든 것이 서로의 부담으로 작용될 수 있기에
그럴 것이라 생각하지만 어린 마음에 서운함도 분명 있었다. 이 분
이 회사를 소개해주셨을 때 나는 "혹시라도 대표님 얼굴에 먹칠하
면 어떡해요?"라고 물은 적이 있는데 이 분은 또 한 번 여유롭게
"맘껏 먹칠해도 나는 괜찮다"라며 부담을 확 덜어주셨다. 지금은 스
타트업 투자업계의 대부 느낌으로 일하고 계시는데, 나이가 들어도
항상 보여주시는 자기관리, 여유로움, 이성적인 분석력, 시원시원함
은 정말 배우고 싶은 부분이다.

이렇게 큰 울타리에서 나의 사회생활뿐 아니라 삶을 대하는 태도의 정신적 지주가 되어주시는 분이 있는가 하면, 싱가포르에서는 업무적으로 나를 많이 챙겨줬던 아그네스가 있다. 내가 생각이 넘치는 스타일이라 항상 고민을 달고 사는 편인데, 특히 그 중 업무에 대한 생각이 많은 부분을 차지한다. 당시 나의 아버지 같았던 매니저 자비에는 본인이 멘토의 역할을 해줄 수도 있지만, 가끔은 한 다리 건너의 사람이 이야기 나누기 편할 수 있다며 다른 부서에 있던 아그네스를 소개해주었다. 그때까지만 해도 멘토링은 나에게 정적인 상담 정도의 의미였었는데, 나와 한 달에 한 번씩 만나기로 한 아그네스는 첫날 본인의 레더(회사 내 보상과 연동된 직급 레벨), 본인의 위치, 현재 부족한 점, 목표를 위해 개선해야 할 부분을 적어둔 파워포인트를 나에게 너무나도 가감 없이 보여주며 나도 똑같이 만들어보기를 권했다. 어떻게 보면 본인의 사적인 정보를 다 공개하면서까지 감정적이기만 했던 나에게 조금 더 프로페셔널하게 스스로를 분석할 수 있는 기회를 준 것이었다. 얼마 전에 찾은 그 수년 전의 자료에는 나의 최대 약점을 수줍음이라고 표기해두었으며 이를 개선하기 위해 분기마다 팀 미팅에서 내가 하는 업무 브리핑을 하며 가시성 높이기, 마케팅도 중요하지만 협업하는 다른 부서의 의사 결정권자들과 상호교류 더 많이 하기, 더 큰 그림을 보고 결과에 집중하기 등이 적혀 있었다. 내가 낯을 좀 가리기는 해도 수줍은 캐릭터는 아닌데 그 당시에는 아무래도 언어, 문화적인 부분이 어색해서 스스로 더 말이 없고 소극적으로 행동했던 것 같고, 상대는 더 나를 수줍고 조용한 사람으로만 느꼈을 것이다.

인생이라는 큰 그림에서 내가 업무적으로 나아가야 할 방향이나 그에 대한 고민, 사람에 대한 고민들을 들어주시고 가감 없이 담백하게 조언해주시는 멘토, 업무적으로 회사 내에서 어떻게 더 성장하며 배우고, 그에 대한 성과를 낼 수 있는지를 분석할 수 있도록 가르쳐 주신 멘토, 운 좋게도 각각의 인생의 길이 한 지점에서 만나 접점을 이루어 이런 훌륭한 두 분을 알게 되고 많이 배울 수 있음에 항상 감사드린다. 요즘에는 한국에도 젊은이들을 위한 멘토링 프로그램이나 정신상담까지 곁들인 다양하고 좋은 과정들이 더 많을 것이라고 생각한다. 나 자신을 조금 더 이성적으로 돌아볼 수 있고, 또 멀리 내다볼 수 있도록 서로 이야기 나눌 수 있는 사람을 만드는 것은 인생에 더 다양한 색깔을 입히는 것과 같을 것으로 생각하며, 기회가 된다면 강력하게 추천하고 싶다.

# 37
## 생존 vs. 전략

지난겨울 나의 절친 사브리나와 방콕에서 만나기로 했다. 몸과 마음이 굉장히 지쳐 있었던 상황이었지만 1년 9개월 만에 만난 우리는 지난주에 만났던 것처럼 즐겁게 마주하였고, 의도하지 않게 하루에 2만 보씩 걸으면서도 마음의 피곤함이 한결 풀리는 느낌이었다. 원래 계획은 진짜 멋있는 카페에 가서 늘어져 쉬고, 맛있는 것들이나 먹는 거였는데 어쩌다 보니 한 것 없이 온종일 걸어 다니는 강행군이 계속되었다.

방콕은 여섯 번째 방문이었는데 마지막으로 왔던 여러 해 전과는 확연하게 달라져 있었다. 인프라적으로 많이 발전된 모습이었고, 가는 곳마다 중국인 관광객들이 아주 많았으며 젊은 사람들이 눈에 많이 띄었다. 한 때, 개성 있는 상점들과 멋진 카페로 가득 찬 이대 앞이 핫 플레이스였던 시절이 있는데, 방콕에서 이대 앞처럼 개성 있는 상점들이 많이 모여 있어 작은 골목마다 독특하고 재미있는 구경거리가 가득한 곳은 파라곤 백화점 건너편에 위치한 골목 상권이었다. 이젠 거의 허물고 호텔과 작은 쇼핑몰들로 바뀌어 있어 옛날의 정취는 찾아보기 힘들었지만, 그래도 구석구석 기억이 날 듯한 곳들이 있어 아련해졌다. 여전히 몇몇 작은 가게들이 남아 있었는데 인상 깊었던 것은 젊은이들이 특별할 것 없는 스티커 가게, 예쁜 종이 가게에 줄을 서서 기다리는 풍경이었다. 도대체 뭐길래 저리도 줄을 설까 궁금하여 들어가 본 그곳은 말 그대로 예쁜 인테리어와 함께 스티커, 배지 등을 파는 그냥 그런 팬시점이었다. 신기했다. '이게 뭐라고 저리 열광하지?'

그러다 순간 나의 중·고등학교 시절이 생각났다. 우리도 방과 후 떡볶이를 먹고 근처 팬시점에 가서 그 당시에 유행하던 예쁜 디자인의 메모지를 장당 50원, 100원에 구입하고는 했었다. 지금 생각하면 굉장히 별거 아니고 웃기는데, 그때는 그 예쁜 캐릭터가 그려진 메모지를 종류별로 사기 위해 버스를 타고 다른 동네까지 가기도 했다. 작은 것에 열광할 수 있는 에너지. 젊음의 힘이다. 이들이 소비의 주역이고, 미래의 주역이기도 하다. 하지만 한국은 인구가 많이 줄어가는 추세이기도 하고, 다들 배포가 커진 것인지, 과거에 비해 경제적인 상황이 많이 발전했기 때문인지 더 이상 작은 것에는 열광하지 않는 것 같다. 한다고 해도 그 규모가 작아졌다.

사브리나와 나는 서로의 어린 시절과 우리가 처음 만났을 때에 대해 이런저런 이야기를 하기 시작했다. 나는 사브리나에게 우리가 처음 만났던 25~26살에는 무엇이 가장 큰 고민이었었는지 물었다. 사브리나는 당시 같은 부서에서 디지털 마케팅을 하는 친구였는데 어떻게 해야 더 전략적으로 계획을 짜서 성과를 잘 낼 수 있는지, 어떻게 더 높은 레벨로 갈 수 있는지, 그러려면 어떤 사람들과 이야기해야 하는지가 가장 큰 고민이었다고 했다.

나는 망치로 머리를 쿵 맞은 기분이 들었다. 이 친구가 그런 전략적이고 세련된 생각을 할 동안, 나는 '사람들과 마주치고 싶지 않다. 미팅 내용을 못 알아듣겠다. 내일은 또 어떻게 알아듣는 척을 하지? 나에게 말을 걸면 어떡하지?' 등 하루하루 생존에 대해 고민하고 있었기 때문이다. 같은 또래인데 영어를 하는 나라에서 자란 친구와 그렇지 않은 나는 분명 시작점에서부터 차이가 있었던 것이다. 나도 중간에 멈춤의 시간이 있었지만 그래도 꽤 보편적인 시기에 취업한 편에 속한다. 만 나이로 24살에 첫 직장에서 일을 시작했는데, 내가 싱가포르에서 만난 나의 또래들은 그 나이에 이미 3~4년의 경력이 있는 친구들이었다. 교육 시스템이 달라 21, 22살이면 이미 학교를 졸업한 후 사회에 뛰어드는 구조 때문이기도 했지만, 여전히 학생에서 크게 벗어나지 못하는 어린 생각을 하고 있던 나를 생각했을 때, 그들은 이미 사회에서 어느 정도 자리를 잡은 똑소리 나는 친구들이었다.

어릴 때부터 양에 상관없이 꾸준히 영어를 접하고 배우는 일반적인 한국 교육을 받은 사람들은 정작 주입식 교육에만 중점을 두고, 대학 입시, 직장을 구하는 것에 주 목적을 두고 있어 그에 맞는 점수만 나온다면 정작 '이제 어떻게?'라는 부분이 많이 부족한 것 같다. 글로벌 시대라고 외쳐온 것이 몇십 년은 된 것 같은데 이런 부분이 정작 글로벌 동료들과 글로벌 직장에서 일하게 되면 다시 아이로 돌아가게 만드는 것 같았다. 같은 또래인데도 당당하고 동등한 위치에서 자기 주장을 하고, 필요한 것은 적절하게 취하는 이성적이며 전략적인 모습들이, 한국 밖으로 나옴과 동시에 아이가 되어버린 나에게는 꽤나 충격적이면서도 안타까웠다. 한발 늦은 만큼 더 열심히, 단 즐겁게, 즐거울 수 있게 해야만 한다.

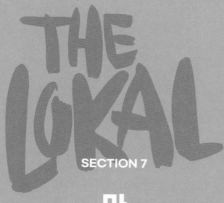

SECTION 7

마
무
리

# 38
## 떠나기 전 버킷리스트

　싱가포르에서 한국으로 돌아오기 전, 그래도 지난 7년간 머무르며 꽤나 다양한 경험을 했다고 생각했지만, 미처 못 해봤거나 한 번 더 하고 싶은 것에 대한 버킷리스트를 작성해보았다.

1. 타이거 맥주 공장 견학
2. 정말 맛있는 크랩 먹기
3. 술탄 재즈클럽 가보기
4. 도비곳, 그 공장같이 정신없던 팬케이크 집에서 브런치 후 대학로 걸어 다니기
5. 보타닉 가든 피크닉
6. 큰 송별파티 열기

머리를 쥐어짜면서 생각해보아도 심지어 주롱 새공원까지 다 가보았기에 더 이상 떠오르지 않는다. 이제 리스트 중에 해보지 않은 것은 타이거 맥주 공장 견학과 술탄 재즈클럽밖에 없다. 우선 타이거 공장은 주로 주중 낮에 열기에 회사에 휴가를 내고 갈 정도까지는 아니라 다음을 위해 남겨두기로 했다. 싱가포르에서는 1년 내내 더운 일정한 날씨 덕분에 기후 변화에 대한 제약이 덜해 야외 펍이나 바에서 열리는 라이브 공연을 쉽게 즐길 수 있다. 덕분에 친구들과의 모임이나 행사가 더욱 풍성해지기도 한다. 그중 계속 가보고 싶은 곳 리스트에 넣어두었던 술탄 재즈클럽. 몇 안 되는 정통 재즈클럽인데 떠나기 전에 꼭 가보고 싶어 사브리나를 만났다. 하지레인에서 만나 과카몰리와 세비체로 저녁을 먹고, 아랍 스트리트 어딘가에 있는 장소로 슬슬 걸어갔다. 사브리나는 친구들 중 특히 유행에 빠꼼이임에도 불구하고, 이곳은 덜 트렌디해서인지 한 번도 가본 적이 없다고 해 더욱 기대가 되었다.

숍하우스로 올라가니 묵직하고도 세련된 느낌의 입구가 나타났고, 우리는 가까스로 마지막 테이블을 잡고 입장할 수 있었다. 마치 크리스마스 공연을 보듯 무대는 빨강 벨벳 커튼으로 장식이 되어 있었고, 클래식한 검정 셔츠로 말끔하게 차려입은 밴드 멤버들은 공연을 시작하기 전 마지막으로 악기를 조율하고 있었다.

와인을 한 잔씩 곁들여 밀린 이야기를 하면서 기다리는데 갑자기 귀에 울리기 시작한 그 웅장하고도 섬세한 연주. 그날 밤의 공연은 정말 계속 기억될 정도로 너무 아름다웠고, 신나게 흥을 돋우는 멋진 공연이었다. 왜 이제야 왔을까 후회가 되면서도 그 분위기와 쌉쌀한 와인 한 잔까지 나의 버킷리스트 중 하나를 지우기에 너무도 완벽한 밤이었다. 떠나온 이후 싱가포르를 여러 번 방문했었는데 아직도 재방문을 못하고 있다.

버킷리스트 중 다른 하나였던 '도비곳(Dhoby Ghaut) 걸어 다니기'. 도비곳은 시청과 꽤나 가깝게 붙어 있는 MRT 역 이름이다. 두어 정거장 사이에 오차드, 시청역, 리틀 인디아로도 이어지는 빨강, 노랑, 보라색 라인의 환승지이기 때문에 항상 사람이 많은 편이고 북적댄다. 이 도비곳 근처에는 시청에서부터 이어진 대학교들로 시작하여 몇 개의 아트스쿨도 있어 한국으로 치면 젊은이들로 북적이는 대학가 느낌이다. 나는 커피를 좋아하고, 디저트는 그리 즐기지 않지만 보거나 만드는 것에는 관심이 많다. 싱가포르 생활은 한국에 비해 단조로운 부분이 있다. 무엇보다 한국에서는 만날 사람은 많은데 시간이 없었다면, 싱가포르에서는 시간은 참 많은데 만날 사람이 그리 많지 않았기에 무언가 좋아하는 것을 해보는 것은 어떨까 생각 중이었다.

친구의 친구가 도비곳 근처에서 굉장히 유명한 팬케이크 집을 운영한다고 하여 주말에 돈을 안 받고 몇 시간씩 일하면서 배워보고 싶다고 부탁했더니 한번 방문해보라고 했다. 나는 햇살이 비추는 창가에서 손님들이 여유롭게 책을 읽으며, 아름답게 데코레이션

되어 나온 팬케이크를 맛보고, 즐거운 음악 선율이 흐르는 세련된 가게에서 손님들과 일상을 나누는 모습을 상상하고 기대했던 것 같다. 내가 방문했을 때 나는 실소를 금치 못했다. 가게 자체는 정말 컸는데 대학가이다 보니 딱 대학교 식당 그대로의 모습으로 가운데에서는 끝이 안 보이는 굉장히 길고 큰 테이블에 사람들이 북적이며 경쟁하듯 팬케이크를 흡입하고 있었다. 내가 생각한 이상적인 주말을 보내는 모습과는 거리가 좀 있었고, 이곳에서 일하다가는 본업을 포기할 수도 있을 만큼 중노동이겠구나 싶어 일하고자 결심한 것을 포기한 적이 있었다.

싱가포르를 떠나기 전 왠지 이 가게에서 팬케이크를 먹고, 거리를 거닐고 싶었다. 아쉽게도 가게는 문을 닫아 없어진 후였고, 추억만을 가지고 아쉬운 마음을 뒤로한 채, 도비곳 젊음의 거리를 골목마다 기웃거렸다. 오차드 같은 큰 쇼핑 거리보다는 덜 세련된, 시청역의 대학교 지역보다는 더 자유분방한 느낌에 곳곳에 있는 예술 대학교의 건축을 감상하는 것도 꽤나 운치 있었다. 작은 뒷골목마다 숨어 있는 이름 모를 브랜드의 작은 소품들, 종종 실없게 느껴지는 아이템들이 또 다른 소소한 재미로 남았고, 추억을 하나하나 되새기듯 이곳저곳 걷는 이 시간이 너무 좋았다.

다른 버킷리스트의 아이템은 이렇게 저렇게 어찌 되었든 한 번씩은 다 해본 것이었기에 넘어갔지만, 나중에 꼭 타이거 맥주 공장에는 가보고 싶다!

# 39
## 내가 첫 회사를 떠나기로 결심한 이유

2015년 7월

한 나라에 7년 가깝게 살면서, 한 회사에서 9년 가깝게 일하면서 참 오래도, 많이도 고민했었다.

떠나야지, 그만두어야지 하는 마음을 오래전부터 먹었지만 그게 내 입 밖으로 나가기까지는 거의 3년이라는 시간이 걸린 것 같다. 시간 낭비라고 할 수도 있고 한편으로 나도 그 부분은 아쉬움이 남지만 어찌 되었건 이렇게 결단을 내리게 되었다. 안타깝게도 그 결단을 새로운 매니저와의 첫 미팅에서 내질렀고 그는 너무 충격을 받았다. 나가는 시기를 밀고 당기며 걸린 2주 동안 내 마음은 너무도 갈등을 겪었다. 모든 상황이 불편하게만 돌아갔기 때문이다.

(진작 좀 이리 신경들 써주시지?) 얼마 전부터 링크드인(LinkedIn)*에 회사를 나가는 이유에 대해, 매니저의 역량이라는 항목에 대해 너무 써보고 싶었는데 차마 그렇게는 못 했다.

지나고 나서 생각해보니 사실상 어느 조직이나 비슷한 것 같다. 조금 더하냐 덜하냐의 문제이고, 훌륭한 구성원들의 비율이 높냐 낮냐의 정도 차이인 것 같다. 이 글을 빌려 외국에서 겪는 조직 생활의 특징을 몇 가지 적어보자면, 우선 엄청나게 정치적이라는 것이다. 나의 레벨에서 이 정도라면 윗선에서는 정말 어마무시할 것이다. 일은 못 해도 말만 잘하면 된다. 가식적인 인간관계, 물론 그 안에서 사랑도 우정도 싹 트겠지만서도 기본적으로 날 지긋하게 바라보면서 두 눈으로 공감해주고, 그 순간만은 내가 그것을 믿게 만드는 재주를 가진 사람들, 그리고 뒤에서 딴소리하는 사람들이 정말, 아주 정말 많다. 나도 스스로를 세상 물정 모르고 순진하다고 생각하진 않지만, 그들의 솔직함을 가장한 득을 취함은 그 진실을 알고 나면 소름 끼치게 무섭다.

지연주의 또한 힘들다. 내부적으로 항상 들어왔던 말이 "네가 얼마나 잘하는지는 중요하지 않아. 단, 네가 누구를 아는지는 정말 중요하지"였다. 이런 마인드는 외국계 회사에는 존재하지 않을 것만 같지만 많이, 아주 많이 존재한다. 심지어 이런 지연관계는 인종

---

* 직장인들의 커리어 개발 및 비즈니스 인맥을 위한 소셜 플랫폼

차별로 이어지기도 한다. 한 예로, 다녔던 회사의 제일 높은 사람이 스페인 사람이라면 줄줄이 스페인 사람, 또는 남미 사람을 아무 관계도 없는 아시아로 데려오고, 인턴 중 스페인 사람을 콕 집어 '제일 높은 분과의 수월한 커뮤니케이션을 위해'라는 이유로 중요한 행사에 참여할 수 있는 기회를 준다. 인턴보다는 조금 더 쌓은 내 연륜을 통해 본다면 그가 행사에 참여할 수 있었던 이유는 스페인 사람이고, 잘생겨서이다. 당연히 같은 인턴십을 뚫고 들어온 '아시아' 사람들에게 종종 불평을 듣고는 했는데 그들이 무슨 힘이 있겠는가. 높으신 분이랑 같은 언어를 쓰지 않는 나라에서 태어난 잘못뿐이다.

아침부터 정치를 하기 위한 복잡한 이메일들 때문에 인상을 팍 쓰고 몇 개의 이메일을 처리했다. '나머지는 마저 카페에서 해야지' 하는 생각에 짐을 주섬주섬 챙기다가 문득 7~8년 전 일이 머리를 스치고 지나갔다.

한국에서 일할 때 같은 부서에 함께 일하던 선배 언니가 있었는데 그 언니는 금방 다른 회사로 옮겼더랬다. 옮기고 난 후 회사에 놀러 와서 몇몇 친했던 동료들을 불러 어떻게 지내는지 커피 한잔과 소식을 공유했었다. 이 언니는 너무나도 상큼한 옷차림, 그에 못지않게 전에는 본 적 없는 화사한 얼굴로 우리를 보면서 이렇게 말했다.

"너희들은 진짜 딱 이 회사 얼굴이다. (순화시켜서 쓴 거다. 그 당시에 우이 회사 사람들만 가지고 있는 그 얼굴…."

오늘 아침 몇몇 이메일에 짜증 나고 화나는 얼굴로 짐을 챙기던 내 머릿속이 갑자기 민트 사탕을 깨문 듯 청량해졌다. '그래, 매일 화나고 짜증 나고 의심하고, 이렇게 살면 안 되지.' 세상 밖에는 더 힘들지언정 다른 세계가 있을 수도 있다. 이 젊은 나이에 이렇게 매일 썩은 얼굴로 살 수는 없지 않은가?

갑자기 나의 결정에 스스로 어깨를 토닥이고 싶은 마음과 한국에서의 결정되지 않은, 하지만 다르고 새로울 인생의 챕터가 기대되기 시작했다.

한국으로 돌아와 일한 지 9년 만에 휴식기를 가지고, 마침 태어난 조카에 푹 빠져 쉬는 시간이 그리 지루하지 않게 지나가버렸다. 새로운 회사에서 일을 시작하고, 새로운 사람들을 만나면서 느낀 점은 위에 언급했듯이 어느 회사나 다 지연주의, 정치 등이 있으며, 그나마 구관이 명관이었다는 씁쓸한 이야기이다. 새로 일하게 된 회사는 외국계 회사로 한국에서 처음으로 비즈니스를 시작하는 곳이었는데 창립 멤버로 참여하게 되었다. 규모는 작아도 제품이 좋고, 내가 무언가를 만들어갈 수 있다는 희망과 설렘으로 시작했는데 출근 첫날부터 옆방에서 들려오는 고성과 오가는 언쟁이 '나는 누구 여긴 어디'를 되뇌게 하였다.

첫인상으로 모든 것을 파악할 수는 없지만 이를 무시할 수도 없다. 처음의 그 이상한 경험으로 시작한 이 회사에서 나름대로 업무를 통한 비즈니스의 성장을 이루어갔다. 그러나, 일관성 없는 체계 아닌 체계와, 엄마와 아들, 형제, 자매 등 그 어느 곳에서도 보지 못한 굉장한 네포티즘(nepotism, 연고주의), 본인 아이들의 생일 파티 플래너인 절친에게 기업의 대표 행사를 맡기는 회사에서 나는 계속적으로 쳇바퀴 도는 듯해 루즈해진 업무에, 더 이상 보이지 않는 나의 성장에, 몇몇 일을 열심히 하는 이들 사이에서 눈에 띄게 묻어가려는 사람들에 지쳐가기 시작했다.

나는 더 하고 싶어 하는 사람이다. 여러 가지 업무를 할 때 정신없고 스트레스를 굉장히 많이 받는 편이지만 동시에 카타르시스를 느끼기도 한다. 나름의 사명감을 가지고 일에서 즐거움을 찾으며, 성장하고 있는 느낌에 기뻐하는 사람인데 그런 부분이 충족되지 못해 굉장히 힘들었다. 어찌 보면 사회생활을 맛보고 농익어가는 시기에 한국에 없었던지라, 뒤늦게 만나는 새로운 부류의 인간들에 너무 늦게 충격을 받고, 많이 힘들어하기도 했다. 의외로 나이 꽤나 먹고, 경력 꽤나 있는 사람들이 본인의 인생 스타일이 묻어가기, 안정 추구라고 해서 다른 사람들이 무언가 하려고 하는 것까지 불편해하고 이간질하는 경우를 처음 겪어서 당황스러웠다. 이런 부류에 대해 한국 친구에게 이야기했더니 그녀는 아무렇지 않은 듯 명쾌하게 말했다. "아, 그런 사람 이제 처음 봤어? 우리 회사에 되게 많아!"

세상에 그 어떤 것도 완벽한 것은 없다. 그런데 여전히, 어떤 조직들은 열심히, 책임감 있게 더 하려고 하는 열정적인 사람을 원할 것이라고 믿는다. 그런 곳에서, 순수하게 일의 성취감을 통해 기뻐할 수 있는 곳에서, 한 번 즈음은 일해볼 수 있겠지? 운이 좋게 현재 나는 지위 상관없이 생각보다 열심히 일하고, 시차 상관없이 협업하고 도와주려고 하고, 에너지 넘치는 동료의 비율이 많은 꽤나 괜찮은 회사에 입사하여 종종 감탄도 한 번씩 해가며 일하고 있다.

# 40
## 꿈꾸는 사람

　내가 처음 사회생활을 시작하면서, 회사에 들어가서 본 캐치프레이즈는 "Dream is a magic which only works for a dreamer", "꿈은 꾸는 자에게만 이루어지는 마법이다"이다. 현실감이 없는 것인지 순수한 것인지 모르겠지만, 나는 아직도 저런 영감을 주는 듯한 좋은 문구나 콘텐츠에 굉장히 감동하고 마음에 새기는 편인데, 첫 직장생활에서 본 저 문구를 오랫동안 나의 이메일 끝 시그니처 부분에 적어둘 정도로 너무 좋아했다.

　어릴 때는 나중에 하고 싶은 일이 있다는 것, 되고 싶은 사람이 있다는 것, 꿈꾸고 있는 희망사항이 있다는 것이 당연한 일이었던 것 같은데, 다 커버린 지금을 살아가다 보면 팍팍한 삶이 먼저 우리를 기다리고 있어 이를 가로막는 경우가 많은 것 같다. 또 직장인의 신분으로 살아가다 보면 그냥 현실에 수긍하고 매달 월급받는 것에 집중하며 다니는 경우도 대부분이다. 어찌 보면 참 현명하고 이성적이며, 효율적이기까지 한 직장인의 태도인데, 나는 그렇게 나물에 여러 가지 양념을 잘 무쳐서 맛의 조화를 이루듯이 물에 물 탄 듯, 술에 술 탄 듯 현실에 잘 녹아드는 것이 아직도 가끔 힘들다.

그래서 큰 회사에 꽤 오래 다니다가 바깥세상이 궁금해져 오랜 고민 끝에 결단을 내리고 한국으로 왔고, 5명으로 시작하는 작은 외국계 회사에 들어갔다. 그 당시에 같은 회사를 다니다가 나간 사람들에게 많이 조언을 구했었는데 평은 두 가지로 갈렸다. 절대 회사를 떠나지 말라는 부류와, "너무 지루하지 않아? 더 재미있는 세상이 밖에 있을 수 있어!"라고 말하는 사람들이었다. 두 부류 모두 회사를 나간 후에도 열심히 각자의 방식으로 커리어를 쌓으며 성공가도를 달리고 있는 사람들이었는데 회사를 나간 후의 의견이 저리 갈릴 수 있다니 신기했고 나는 후자에 베팅을 해보기로 했다. 더이상은 큰 조직이 아닌, 아무것도 없어서 디딤돌부터 쌓아가야 하는 날 것의 그것들을 무언가 내가 꿈꾸는 대로, 내가 바꿔보고 싶은 부분들에 조금 더 오너십을 가지고 해낼 수 있는 기회라고 생각했기 때문이다. 즉, 더 많이 할 수 있는 기회를 찾고 있었고, 소위 작은 기업에서 불나방처럼 오후에 칠판 앞에 모여 열정적으로 아이디어를 짜내고 공유하는 그런 로망이 있었던 것 같다.

내가 하는 일은 마케팅이기에 나는 항상 내가 하는 마케팅을 접해본 사람들에게는 적어도 단 한 번이라도 그것이 좋은 경험이기를 바라고 기대한다. 하지만 아주 깊게 뿌리박힌 한국 전형적인 회사 생활은 또 나를 답답하게 만들었다. 미팅을 위한 미팅, 보고를 위한 보고, 고작 5명 사이에서 누군가는 정치라는 것을 한다. 본사의 누군가가 화상 회의로 질문을 하면 모두 침묵하고, 대답이나 다른 질문을 하면 튄다고 생각한다. 싱가포르로 가기 전인 10여 년 전과도 바뀐 것이 없었고, 오히려 나만 열정 과다의 둥둥 떠다니는 사람이 된 느낌이었다. 그 당시 사무실은 공유 오피스에 적을 두고 있었는데, 그곳에서는 종종 여러 스타트업들, 또는 같은 마케팅 분야에 일하는 전혀 다른 산업군의 멤버들과 함께 네트워킹을 할 수 있는 이벤트가 많았다. 싱가포르에서 갈고 닦은 네트워킹 스킬을 조금 발휘하고, 용기를 한 꼬집 추가하여 여러 번의 이벤트를 통해 만난 다양한 분야의 1인 기업부터 스타트업 사람들은, 내가 항상 생각하고 원하던 분위기 속에서 일하고 있는 사람들이었고, 내가 생각하기에 눈이 번쩍 뜨이는 아이디어들은 명함도 못 내밀 정도로 심 봉사 눈을 뜨듯 세상이 환하게 밝아지는 생각들을 공유해주었다. 개개인이 좋아하는 것을 비즈니스로 현실화하고, 거기에서 이익을 창출해 내면서도 동시에 새로운 분야와의 협업을 항상 고민하고 아이디어를 내는 사람들, 정말 나에게는 비타민과 같은 집단이었다. 이런 사람들을 통해 외부로부터 좋은 에너지를 얻기 시작했다.

그동안에는 IT 분야의 회사에 우연히 발을 들인 이유만으로, 마케팅을 해왔다는 이유만으로 운 좋게 계속 해오고 있었지만, 만

약 제2의 인생 챕터를 생각해야 한다면, 또 그것이 내가 진심으로 좋아해서 계속 즐길 수 있는 것이라면 바랄 것이 없을 것이다. 과연 나는 이에 대해 어떤 옵션을 고려해볼 수 있을까? 생각보다 어려운 물음표였다. 이런 고민에 대해 주위 지인이나 친구들에게 이야기하면 10명 중 9명은 "뭘 그런 거를 생각해, 그런 게 왜 궁금해? 너 신기하다. 그냥 사는 거지." 또는 "그냥 월급 받을 수 있을 때까지 버티는 게 최고야." 등의 응답을 했다. 그럼에도 운 좋게 10명 중 1명의 사람은 "정말 좋은 생각이다, 한번 해봐!" 이렇게 긍정적이고 희망을 주는 반응을 보여주었고, 그 작은 희망에 힘입어 이렇게 글까지 쓰게 되었다.

사람은 우물 안 개구리가 되기 쉽다. 특히 조직에 속해있는 경우, 크고 까만 우산이 한 겹 머리 위를 덮고 있는 것과 비슷하게 그 안에서 보는 것들이 세상의 전부라고 착각하게 된다. 그런데 그렇게 하나의 우산에만 가려져 밖에 비가 오는 것, 눈이 내리는 것, 파란 하늘, 찌는 듯한 태양을 보지 못하는 것은 너무 아쉽지 않을까? 나는 대학생 시절 주말마다 강남역에 있는 카페에서 아르바이트를 했었다. 처음으로 커피를 제대로 접하고, 두리뭉실 커피머신 사용법을 배워 참 재미있게 일했었고, 그 좋았던 경험으로 인해 무작정 나의 첫 직장은 별다방이면 좋겠다고 항상 꿈꿔왔다. 물론 현실은 꿈꾸는 대로 따라와 주진 않았지만, 시간이 지났음에도 항상 커피에 대한 관심을 가지고 있었고 꽤나 즐기는 편이라 외국에 나갈 때마다 커피 맛이 괜찮다는 카페는 잊지 않고 조금씩 다녀 보았다. 작년에는 여러 달 동안 휴식을 가질 수 있었는데 그사이에 항상 막연하게 해보고 싶다 생각하고 책만 사뒀던 바리스타 자격증을 따보기로 했다. 더운 여름, 게으른 몸을 이끌고 배우러 다녔었는데 세상에나, 라테아트가 너무 재미있는 거다. 꽤 오랫동안 재미있거나 흥미를 유발하는 것을 찾지 못했었는데, 정작 시험 성적에는 많은 점수를 차지하지 않는 라테아트에 꽂혀서 선생님을 졸라 3시간짜리 수업 동안 2시간 반은 거의 100잔씩 라테를 만들며 라테아트 연습을 하였다. 어떻게 보면 에스프레소를 잘 내리고, 우유 거품을 잘 만들어 예쁘게 그리면 되는 굉장히 단순한 작업이다. 실크같이 부드러운 우유 거품이 만들어지고, 유속을 잘 조절하고, 적절한 손목 스냅과 각도 등을 이용해서 라테아트를 하고, 그 결과물이 만족스럽게 나올 때면 기분이 좋아지고 세상 모든 것들이 단순해지며 머릿속도 깨끗해졌다.

현실적으로 사는 것에도 분명히 실용적이고 좋은 점이 있다고 생각한다. 그러나 모두가 하루하루 밥 먹고 사는 일에만, 돈을 많이 버는 것에만 집중한다면 이 세상은 꽤나 건조해질 것이다. 하고 싶은 말은, 무엇인가에 관심이 있다면 그것이 지금 당장 나의 생활을 윤택하게 하지 않더라도 꿈을 꾸면 좋겠다는 것이다. 허황되더라도 하고 싶은 것이 있는 사람, 현실과는 멀더라도 꿈을 이야기하는 사람과 그렇지 않은 사람은 현재에 임하는 태도와 사명감이 다를 것이기 때문이다. 공유 오피스에서 만났던 반짝이는 눈빛을 가진 그 많은 사람들, 물 흐르는 것 같은 편한 결정을 하지 않아도 응원해주고, 기회가 왔을 때 머뭇거리지 말고 기회를 잡으라고 하는 우리 부모님, 그리고 주위에서 마음을 열고 비판 대신 따뜻하게 응원해주는 사람들, 그 외 혼자만 잘났다고 생각하며 살아온 나의 삶 순간 순간에 계속 꿈을 꿀 수 있도록 그 자리에 있어주었던 사람들. 덕분에 목적지가 어디인지, 목표가 무엇인지는 몰라도 나는 아직 계속 꿈을 꾸고 있다.

싱가포르에서의 어떤 출근길,
2층 버스를 타고 빌딩 숲으로 들어서며 설레는 마음만큼은 7년간 한결같았다.

**초판 1쇄 발행** 2021. 11. 16.

**지은이** 이혜진
**펴낸이** 김병호
**편집진행** 조은아 ｜ **디자인** 양헌경

**펴낸곳** 주식회사 바른북스
**등록** 2019년 4월 3일 제2019-000040호
**주소** 서울시 성동구 연무장5길 9-16, 301호 (성수동2가, 블루스톤타워)
**대표전화** 070-7857-9719 **경영지원** 02-3409-9719 **팩스** 070-7610-9820
**이메일** barunbooks21@naver.com **원고투고** barunbooks21@naver.com
**홈페이지** www.barunbooks.com **공식 블로그** blog.naver.com/barunbooks7
**공식 포스트** post.naver.com/barunbooks7 **페이스북** facebook.com/barunbooks7

· 책값은 뒤표지에 있습니다.　**ISBN** 979-11-6545-541-5 03910

바른북스는 여러분의 다양한 아이디어와 원고 투고를 설레는 마음으로 기다리고 있습니다.